A arte de ser feliz

Inácio Larrañaga

A arte de ser feliz

Orientações práticas para alcançar
a paz interior, o sentido da vida
e a alegria de viver

Paulinas

Dados Internacionais de Catalogação na Publicação (CIP)
(Câmara Brasileira do Livro, SP, Brasil)

Larrañaga, Inácio, 1928-2013.
A arte de ser feliz : orientações práticas para alcançar a paz interior, o sentido da vida e a alegria de viver / Inácio Larrañaga ; [tradução Maria Luisa Garcia Prada]. -- 11. ed. -- São Paulo : Paulinas, 2018. -- (Em busca de Deus)

Título original: El arte de ser feliz.
ISBN 978-85-356-4430-2

1. Alegria 2. Conduta de vida 3. Felicidade 4. Otimismo 5. Paz de espírito I. Título. II. Série.

18-17470   CDD-158.1

Índices para catálogo sistemático:
1. Felicidade : Mensagens : Psicologia aplicada 158.1
2. Otimismo : Mensagens : Psicologia aplicada 158.1

Iolanda Rodrigues Biode - Bibliotecária - CRB-8/10014

Título original da obra: *El arte de ser feliz:*
Orientaciones prácticas para recuperar la paz interior,
el sentido de la vida y la alegria de vivir.

© Ignacio Larrañaga, 2002
Provincial de Capuchinos de Chile - Catedral 2345 - Santiago - Chile

Direção-geral: *Flávia Reginatto*
Editora responsável: *Celina Helena Weschenfelder*
Auxiliar de edição: *Márcia Nunes*
Tradução: *Maria Luisa Garcia Prada*
Coordenação de revisão: *Andréia Schweitzer*
Revisão: *Patrizia Zagni*
Direção de arte: *Irma Cipriani*
Gerente de produção: *Felício Calegaro Neto*
Capa: *Telma Custódio*
Editoração eletrônica: *Sandra Regina Santana*

12ª edição – 2020
2ª reimpressão – 2024

Nenhuma parte desta obra pode ser reproduzida ou transmitida por qualquer forma e/ou quaisquer meios (eletrônico ou mecânico, incluindo fotocópia e gravação) ou arquivada em qualquer sistema ou banco de dados sem permissão escrita da Editora. Direitos reservados.

Cadastre-se e receba nossas informações
www.paulinas.com.br
Telemarketing e SAC: 0800-7010081

Paulinas
Rua Dona Inácia Uchoa, 62
04110-020 – São Paulo – SP (Brasil)
☏ (11) 2125-3500
✉ editora@paulinas.com.br

© Pia Sociedade Filhas de São Paulo – São Paulo, 2004

Prólogo

Sofrer a mãos cheias

A ciência e a tecnologia conseguiram primeiro mitigar e depois neutralizar completamente a dor corporal. Mas esse é um ingrediente insignificante no vasto oceano do sofrimento humano, visto que esse sofrimento apresenta mil faces, oferece milhares de matizes, emana de infinitos mananciais, de tal modo que qualquer indivíduo desprevenido pode sentir-se tentado a sentenciar: nascemos para sofrer.

Basta chegar à porta de qualquer vizinho, para constatar que não encontraremos uma casa em que o sofrimento não tenha estabelecido sua sede real.

Não é o caso de um morto chamando outro morto, ou de uma praia desolada, sem cantos nem marulhos; tampouco é um poço seco onde as pessoas jogam pedras. Não. É uma corrente caudalosa que arrasta dramas, prantos e frustrações, e não há como silenciar esse clamor.

arte de ser feliz

Se fôssemos capazes tão-somente de entreabrir as portas de cada intimidade, não encontraríamos um único coração em que não habitassem a tristeza, o medo ou a desolação. Sofre o pobre porque é pobre, sofre o rico por ser rico; sofre o jovem porque é jovem, sofre o velho por ser velho. Sofrer! Eis aqui o manjar que nunca falta na festa da vida.

As incontáveis doenças, as mil e uma incompreensões, os conflitos íntimos, a depressão e a obsessão, o rancor e a inveja, a angústia e a tristeza, as limitações e as impotências pessoais e alheias, os pesares e os suplícios... Senhor, Senhor! O que fazer com esse bosque infinito de folhas mortas?

Este livro que você tem nas mãos, querido leitor, lhe dará uma resposta oportuna a essa pergunta.

As fontes interiores

Grande parte do sofrimento humano é produto subjetivo, pois emana da mente. E a mente, por sua vez, é um mar profundo repleto de precipícios, uma maré alta sob lua cheia.

A maioria de nossos temores, sobressaltos e ansiedades provém da profundidade obscura da alma humana. A mente é capaz de trazer à luz fantasmas assustadores que passam a atormentar o coração humano.

O ser humano sente-se logo torturado pelo pavor, mas não percebe que se trata apenas de uma mania de perseguição subjetiva, resultado de sua mente. O homem deve dar-se conta de que suas ansiedades são sombras inexistentes e seus medos, puras quimeras, filhas da mente; deve dar-se conta de que está dramatizando episódios insignificantes, de que está se deixando atormentar por pesadelos infundados.

Transformamos em inimigo tudo aquilo a que mentalmente resistimos. À medida que eu resisto, ou seja, não aceito minha aparência, cor, altura, memória deficiente, inteligência medíocre etc., transformo-me em meu próprio inimigo e começo a sentir vergonha, complexo, tristeza – sentir vergonha equivale à autopunição. Torno-me vítima e algoz de mim mesmo, e tudo isso acontece porque a minha mente está rejeitando e hostilizando alguma coisa. No momento em que não aceitamos mentalmente qualquer fato ou coisa, entramos em uma aflição na qual a alma experimenta uma sensação de sufocação, aperto ou asfixia. É a angústia. Quanta rebelião interior! Quanto sofrimento!

Vamos supor que aqueles indivíduos que hostilizavam você com olhos inflamados, três meses atrás tramaram e cometeram uma crueldade contra sua pessoa. Se você, hoje, se puser a relembrar e a reviver mentalmente aquele episódio e, com isso, se inflamar de ira e cólera, é porque sua mente está recriando, tornando presente e real o que, na verdade, estava ancorado no tempo passado; e está sofrendo agora como se aquilo houvesse acontecido hoje de manhã. E tudo por obra de uma mente enlouquecida.

Da mesma forma, o fracasso é resultado da nossa mente, ou seja, é um conceito subjetivo e relativo. Você tinha diante dos olhos, vamos imaginar, um projeto dourado e sonhava que ele se elevaria a uma nota, vamos supor, de oitenta pontos. Entretanto, finda a batalha, você só conseguiu quarenta pontos, ou seja, um resultado inferior às suas previsões.

Frustrado em sua intimidade, sua mente começa a rejeitar o resultado, deixando você envergonhado, triste. É nesse momento que esse resultado, inferior às suas previsões, se transforma em fracasso. Mas não é o resultado negativo que oprime você; é você que o rejeita, reprime, resiste a ele. À medida que o reprime, transforma-o em fracasso. E o fracasso ou os fracassos vão afundando você em uma noite escura de complexos, complexos de inferioridade e de insegurança, tornando-o amargurado, ressentido. Tudo é produto de sua mente.

Sim. A mente humana é um abismo insondável de onde se origina a torrente tumultuosa de um sofrimento de múltiplas formas: ressentimentos do coração, oposição da mente, rebeldia à vida, guerras internas, conflitos íntimos, lembranças dolorosas, recordações amargas, aspectos negativos da personalidade não assumidos, feridas da vida não cicatrizadas, clamores interiores,

Prólogo

angústias... Não são dardos disparados de fora para dentro. Eles vêm do nosso interior mais profundo.

A morte é a invenção mais fatídica da mente humana. Desde que a vida existe neste mundo, prevalece uma lei que jamais falhou: o que começa, acaba. Um antílope, uma sucuri, uma andorinha não morrem, se acabam; e sem nenhum drama. Quando a um tigre chega à hora de morrer, ele se deixa levar pela morte como um manso cordeirinho: não opõe resistência, não agoniza, não morre. Por mais feroz que seja, o tigre acaba como uma andorinha, apaga-se como uma vela. E assim todos os seres do reino animal.

O único ser vivente que resiste ao fato de ter de acabar é o homem. Inventa uma palavra tétrica ("morte"), cobre-a de roxo e preto e passa a metade da vida apavorado pelo fato de ter de acabar.

Quanto mais a mente resistir à morte, tanto mais terrível e poderosa esta será. E de tanto resistir a ela, acaba transformando-a na soberana do mundo, na inimiga absoluta. E tudo por obra da mente humana.

Em algumas oportunidades, a mente humana gera um sem-número de megalomanias, empenhos narcisistas, sonhos de grandeza, cobiças e ambições desmedi-

9

das e o anseio de querer ser mais que os outros. No final, uma pilha de sonhos impossíveis que acabarão inundando o coração de sentimentos como inveja, rivalidade e antagonismo.

Em outros casos, o ser humano, por meio de sua atividade mental, revive fragmentos de uma situação passada e dolorosa que, ao trazê-la ao presente, origina sentimentos de autocompaixão ou de culpa, impregnando seu interior de fagulhas abrasadoras. Não há um dia de paz. Provavelmente, o monstro mais temido da mente humana é a obsessão, mar sem fim de ansiedade.

A obsessão e a angústia estão de tal modo aparentadas, como um círculo de causa e efeito, que quase nunca sabemos onde está a mãe e onde está o filho.

É como se um corpo estranho, alheio à nossa constituição, tivesse feito morada em nossa consciência. E o pior da obsessão é que não existe maneira de expulsar o intruso. Por isso, a consciência experimenta a sensação violenta de não poder ser senhora de si mesma; pelo contrário: sente-se intimamente vigiada e dominada por alguém estranho. Com isso, a liberdade fica gravemente ferida, e o efeito imediato é a angústia.

A vida moderna, repleta de agitação, cedo ou tarde leva as pessoas ao cansaço mental. Esse cansaço se traduz em debilidade mental, a qual, por sua vez, deriva em uma incapacidade de ser dono e senhor de sua atividade mental, em cujo caso as lembranças e os pressentimentos, em geral desagradáveis, se instalam na consciência sem motivo nem razão, apoderando-se fácil e completamente de toda a área mental. Aí está o fenômeno da obsessão. E, sendo mais forte, a obsessão acaba derrotando a mente. Assim, a consciência, vendo-se dominada e incapaz de expulsar o intruso, rapidamente se torna uma presa fácil da angústia, o que produz mais cansaço e fragilidade; e quanto maior for a fragilidade mental, mais forte será a obsessão e mais intensa, a angústia.

Esse é o círculo vicioso que mantém tantas pessoas em estado de agonia mental.

Mas nada vamos conseguir com lamentações e radiografias cruéis. Precisamos de receitas concretas e terapias libertadoras, as quais o leitor encontrará em grande número neste livro.

De fora para dentro

Nem sempre, contudo, a fonte das tribulações está dentro de nós. Muitas vezes os dardos que nos atingem vêm de fora.

Eis o terrível mistério do ser humano: a necessidade de ser ele mesmo e a de estar com os outros. E essa necessidade de viver com os demais é, para uma quantidade enorme de pessoas, fonte inesgotável de suplício e dor.

A relação com os demais é uma rede complexa, tecida de evocações, transferências, histórias pessoais, complexos de inferioridade, inibições, competições, impulsos, ressentimentos... Infinitas causalidades e complexidades pelas quais nos tornamos flechados por vários motivos, dia e noite.

Você faz algo diante de quinze pessoas, e as quinze pessoas têm quinze reações diferentes diante do que você fez. Para alguns assistentes, o que você fez foi magnífico; para outros, uma mediocridade; para outros ainda, lastimável. Como é possível agir de quinze maneiras diferentes?

O problema não está em você; está neles. Mas nem eles têm consciência do problema deles. Algumas vezes é um simples "não simpatizo". Outras vezes sua presença os faz lembrar, sem perceber, de uma pessoa antipática e, por associação, transferem a você aquela antipatia. Pode ocorrer também que, tendo suas próprias escalas de valores, e conforme a mentalidade que perceberem em você, venham a se sentir ameaçados em seus interesses e reajam contra você: "mecanismos de defesa". São fatores ligados ao temperamento e às histórias pessoais que, em forma de mecanismos, condicionam a atitude emocional deles com relação a você. Freqüentemente, "doentes" são os outros.

Prólogo

No trabalho, no escritório, nos grupos humanos, nas comunidades, nas lutas políticas e sindicais, no mundo dos artistas, cientistas e demais profissionais, a inveja é a planta mais amarga e frondosa das relações humanas. Provavelmente, a inveja é a causa principal do sofrimento das pessoas.

Acontece que a inveja se disfarça como uma víbora sob a folhagem das razões e explicações. Porém, não são razões, são pretextos; racionalização. A inveja nunca ataca de frente, pois, na sociedade, dizer que uma pessoa é invejosa equivale a atribuir-lhe um caráter abjeto e desprezível. Por isso, a inveja abriga-se sob as "razões" e se esconde atrás das explicações.

As pessoas sofrem muito por causa da inveja, mas ninguém toma conhecimento de sua presença, pois quase sempre ela consegue se disfarçar.

Para outras pessoas, o ambiente de trabalho é um local de tortura. Não demora e logo o chefe se torna uma pessoa insegura e, por isso mesmo, arbitrária. Outras vezes se trata de colegas ressentidos e complexados cujo único prazer é ferir e incomodar; ou de pessoas ambiciosas que pretendem receber promoções, tirando o lugar dos colegas.

E quantas vezes a vizinhança do bairro é um inferno de fofocas! É um leva-e-traz de casos, invenções, exageros; com a maior calma lançam meias verdades e calúnias inteiras. Vigiam, fiscalizam, não há liberdade, não se pode nem mesmo respirar em tal bairro.

Muitas vezes, nem é preciso sair à rua, o inferno está dentro do próprio lar. Para tantas pessoas, o casamento constitui um mar de frustrações. As alternativas da vida conjugal encerram uma complexidade quase infinita de falta de comunicação, desilusão, incompreensão, dificuldades financeiras, doenças... Estão divorciados, mas, atrás desse simples fato, que carga de brigas e desgostos! Quantos dramas!

Um filho repetiu de ano. O outro está envolvido em drogas. Um outro se casou e, três anos depois, já estava separado. Esperávamos tanto desse filho predileto; os anos se passaram, e a esperança transformou-se em desilusão: fracassou em tantos projetos...

Basta de radiografias descarnadas!

O que ocorre é que fomos colocados no jardim da vida para saborear a existência como um privilégio único. Mas o sofrimento, com suas mil formas e maneiras, nos faz abortar uma vez e mais outra o sonho dourado da felicidade.

Gostaria que este novo livro fosse ritmo e fragrância para o leitor...

Não pretendo realizar o sonho impossível de eliminar pela raiz as dores da vida. Mas quero, sim, mitigá-las, arrancar alguns espinhos, curar algumas feridas, enxugar muitas lágrimas, para que o leitor possa, no final, sentar-se à sombra fresca do arvoredo para respirar, dormir, sonhar.

Um pouco de história

No ano de 1984, desejando espalhar um bálsamo sobre as feridas dos atribulados, escrevi *O sofrimento e a paz*, livro eminentemente prático, redigido de uma maneira tal que por si só poderia constituir um auxílio eficaz para minorar ou eliminar qualquer manifestação de sofrimento.

Poucos anos depois, tendo o livro alcançado uma rápida circulação, chegaram aos meus ouvidos inúmeras informações acerca de que pessoas de limitado preparo intelectual não conseguiam captar o conteúdo libertador do livro, e que, na prática, não obtinham um proveito satisfatório.

Diante dessas notícias, minha alma veio abaixo, pois o sonho da minha vida e a razão de ser do livro haviam sido justamente deixar uma taça de alegria na porta dos infelizes e ensinar os aflitos a curar as feridas do coração.

Em vista de tudo isso e desejando ardentemente depositar uma reconfortante taça de bálsamo nas mãos dos esquecidos e marginalizados, tomei uma decisão e realizei-a: condensei a obra O *sofrimento e a paz*, eliminando todos os ornamentos, resumindo muito, reduzindo tudo a uma linguagem simples, direta e de fácil leitura.

Com esse material condensado, gravei uma coleção de seis fitas cassete com o título *Caminos de Paz* (*Caminhos de Paz*). Recentemente, a editora LibrosLibres me pediu autorização para fazer uma transcrição das fitas cassete para a edição de um livro. Depois de hesitar um pouco, aceitei a proposta. E, como resultado dessas conversações, hoje depositamos o livro nas mãos do leitor.

O Autor

Capítulo I

Salve a si mesmo

Capítulo I

A arte de viver

Ao dizermos "salvar-se", não estamos nos referindo à salvação cristã, aquela que Cristo conseguiu para nós e que se consumará na vida eterna. Entendemos salvação em seu sentido popular: salvar-se do medo, da angústia, do tédio, do sofrimento...

Mais concretamente, por salvar a si mesmo entendemos e estamos nos referindo a alguns meios que cada pessoa pode utilizar para evitar ou mitigar qualquer sofrimento.

E é essa a proposta deste livro: oferecer instrumentos práticos para que você, com seu próprio esforço, possa neutralizar, ou pelo menos atenuar, todo e qualquer sofrimento. Esses meios abrangem dois tipos: análise e reflexão, de um lado, e exercícios práticos, de outro.

Por meio deste livro, quero ajudar o leitor a salvar a si mesmo. Ao entregar o livro, estou depositando em suas mãos um manual contra o sofrimento. Mas é você mesmo quem deve ler e pôr em prática constantemente o que é apresentado neste manual, para assim poder eliminar muitas doses de angústia.

A observação da vida ensinou-me que a fé é a anestesia mais potente para acalmar as dores da vida. Mas, infelizmente, são poucas as pessoas que dispõem de uma fé poderosa o suficiente para transformar a dor em fonte de paz. Por isso, nos cinco primeiros capítulos, nos movimentaremos em uma perspectiva simplesmente humana, prescindindo dos pressupostos da fé; já o sexto capítulo trará uma visão de fé sobre a dor e será, por certo, o mais libertador.

Não existe um especialista que, por meio de suas análises e terapias, possa libertar você do sofrimento humano. Salvar-se é a arte de viver, e essa arte se aprende vivendo. Ninguém pode viver por você; é você mesmo que pode e deve salvar-se, eliminando a angústia, resgatando a tranqüilidade da mente e o prazer de viver.

É preciso conscientizar-se de que todo ser humano é portador de imensas capacidades que normalmente estão adormecidas. Entretanto, uma vez despertadas e colocadas em ação, o homem pode muito mais do que imagina. É preciso que cada um de nós comece, portanto, por acreditar em si mesmo e em sua capacidade de "salvação".

Uma pessoa psiquicamente doente é aquela que não consegue conviver em sociedade nem dissimular essa situação. Entretanto, existem outras pessoas que convivem socialmente bem mediante mecanismos de dissimulação ou de senso comum, mas em seu íntimo são tristeza e dor. Elas não têm sintomas patológicos, mas sofrem uma agonia mortal. Sofrem de depressão, insônia, tédio generalizado... Para explicar aos demais sua situação, exibem seus problemas profissionais ou familiares. Mas não são esses seus verdadeiros dramas.

Capítulo I

O problema delas é a sensação de que a vida está passando sem que a tenham vivido de fato, de que os anos estão passando e de que morrerão sem ter *vivido*. Não lhes falta nada e, por terem tudo, possuem até boa saúde física e psíquica, mas sentem que lhes falta tudo. Ao perguntar-lhes a razão de sua existência, respondem que não têm nenhuma. Sentem um vazio opressor e um tédio desmedido, e não sabem por quê.

Diante desse panorama, salvar-se significa ir suprimindo as fontes de agonia mental (conforme os exercícios do Capítulo V), transpor as fronteiras da angústia, superar a preocupação obsessiva com sua pessoa (Capítulo IV) e, assim, recuperar a presença de espírito, a tranqüilidade da mente e a vontade de viver.

Em suma, salvar a si mesmo significa conseguir a plena segurança e a ausência de medo, ir avançando, lenta, mas firmemente, da escravidão à liberdade. E essa sagrada tarefa ninguém a fará por você, ou em seu lugar, é você que tem de ser o "salvador" de si mesmo.

Nas emergências de sua vida você deparará, com freqüência, com valiosos estímulos e intuições. Hoje um mestre lhe dá uma orientação; amanhã um especialista irá lhe fazer um correto diagnóstico; depois de amanhã seus pais, com sua vivência e experiência, irão lhe dar um conselho sensato. Nada disso, entretanto, conseguirá "salvar" você. É você mesmo que, a partir de sua experiência prática, terá de comprovar se aquelas recomendações o libertam ou não de suas angústias. No final, não existe outro "salvador de si mesmo" a não ser você.

Meu amigo, vivemos uma única vez; o banquete da vida não se repete, nem podemos voltar à infância para recomeçar a aventura. Como já disse, a maior infelicidade que nos pode acontecer é percebermos que a existência escorre-nos das mãos sem termos saboreado o melhor da vida. Vale a pena envidar os maiores esforços à tarefa das tarefas, que é afastar de nossas fronteiras os inimigos da vida: o sofrimento e a tristeza.

O homem moderno acostumou-se a resolver seus problemas procurando sua "salvação", quase de maneira mágica, nos consultórios psiquiátricos e nas farmácias. Vã ilusão. Você irá perdendo a fé em si mesmo, entrará em uma dependência atroz e esquecerá o fato de ter nas mãos as armas decisivas para salvar a si mesmo.

Não venha me dizer: "Enquanto houver pessoas à minha volta sofrendo, eu não posso pensar na minha felicidade". Dizer isso é puro sofisma e, sem dúvida, uma superficialidade. Saltam aos olhos os eternos subterfúgios do coração humano que são: "só os amados amam", "só os livres libertam", "só podem ser instrumentos de paz aqueles que vivem em harmonia consigo

Capítulo I

mesmos", "aqueles que sofrem fazem sofrer", "os fracassados precisam fazer fracassar", "os ressentidos semeiam violência à sua volta", "os que estão em conflito, provocam conflito", "os que estão em guerra consigo, insuflam guerra por onde passam", "os que não se aceitam, não aceitam ninguém", "os que se rejeitam, rejeitam a todos".

É tempo perdido, pura utopia, pretender fazer os outros felizes se nós mesmos não formos felizes. É preciso começar, portanto, por nós mesmos. Faremos felizes os demais à medida que nós o formos. Amaremos realmente o próximo à medida que formos aceitando e amando com tranqüilidade nossa pessoa e nossa história. O ideal bíblico resume-se em amar o seu próximo como a si mesmo. A medida é, portanto, nós mesmos. Já se constitui um ideal muito superior preocupar-se com o outro tanto como nos preocupamos conosco. Você tem de começar, portanto, por si mesmo, o importante é você, seja feliz e seus irmãos se encherão de alegria.

Evidentemente, não estamos propondo um hedonismo, egocêntrico e fechado, de libertar o homem do sofrimento e fazê-lo feliz. Certamente, isso seria um programa grandioso e, de fato, esse é o objetivo de todas as ciências humanas. A proposta deste livro é outra: deixar você em uma condição tal que possa ser verdadeiramente capaz de amar, e você será capaz à medida que for feliz. Nunca conseguirá ser feliz completamente, mas, na medida em que sofrer menos, será tanto mais feliz.

22

É essa a proposta que lhe fazemos, que vá secando, uma a uma, as fontes de sofrimento e, nessa medida, subirá o termômetro de sua alegria vital e voltará a viver; e viver, simplesmente, já é sentir-se feliz. E, então, a força expansiva dessa alegria vital o lançará aos seus semelhantes com brilhos de primavera e compromissos concretos.

Dono de sua mente

Não nos cansaremos de repetir que a mente humana é a fonte de todo o bem e de todo o mal e que em nossas mãos estão a vida e a morte. Vamos explicar isso em poucas linhas: um falcão, uma cobra, um antílope e, em geral, todos os animais não criam problemas para viver. Vivem alegremente no seio cálido da Criação Universal, em unidade com todos os demais seres. Não conhecem a insatisfação, não têm problemas, sentem-se realizados e não podem ser mais felizes do que são.

Assim vivia também o homem nas etapas pré-humanas. Mas um dia, aquela criatura que hoje chamamos homem tomou consciência de si mesmo, soube que sabia, soube quem era. Esse fato descortinou-lhe possibilidades quase infinitas; porém, ao mesmo tempo, esse mesmo fato o transformou em uma realidade quase catastrófica. Ao tomar consciência de que era diferente dos demais, o homem começou a se sentir solitário, separado, isolado. Sua existência transformou-se em enorme problema. Antes, viver era um fato consumado, ago-

Capítulo I

ra, uma arte; antes era uma delícia, agora, um desafio. Precisava improvisar tudo com muitos riscos.

Poucas semanas após o nascimento, os pássaros voam, os patos nadam, os gatos caçam; não precisam aprender a caminhar, voar, nadar, caçar. Pelo simples fato de existirem, dispõem de todos os meios para defender-se e sobreviver. Poderíamos dizer que as técnicas vêm elaboradas nas entranhas de seu organismo, já chegam prontas, sem precisar de ensinamento.

Não acontece dessa maneira com o homem que, uma vez nascido, é o ser mais desamparado da Criação. Precisa aprender tudo: primeiro a andar, depois a pensar etc. Em suma, precisa aprender a usar a inteligência, com a particularidade de que o instinto funciona espontaneamente, enquanto o uso da inteligência pressupõe riscos e incertezas. Por exemplo, para poder optar, é preciso analisar, comparar, excluir, e é aí onde e quando aparece a ansiedade acompanhada de temor e angústia. Começa a pensar em si mesmo e chega à conclusão de que nasceu para morrer. Avalia suas possibilidades e impossibilidades e fica inquieto, agastado. A razão lhe diz uma coisa e a emoção outra; deseja muito, pode pouco.

Definitivamente, do fato de ser consciente, de tomar consciência de si mesmo, advêm ao homem todos os males e, sobretudo, os bens. A história está lançando sem parar desafios e mais desafios ao homem: como acabar com as guerras, como superar a fome, a doença, a injustiça, a pobreza... Todas são tarefas nobres que a história encomenda ao homem no decorrer dos milênios. Porém, acima de tão elevados desafios, a ocupação fundamental, a tarefa das tarefas, definitiva e eterna, é e será esta: o que fazer e como fazer para que o homem seja dono de sua mente, para que ela se mantenha ocupada apenas com pensamentos que ele quer ter e seja, assim, tão-somente fonte de toda bênção. Enquanto não avançarmos nessa direção, não haverá solução para os problemas humanos.

Muitas das orientações deste livro e, sobretudo, os exercícios de relaxamento do Capítulo V se dirigem ao seguinte objetivo: ajudar o homem a ser dono de sua mente, para que possa obter uma concordância entre a mente e a vontade.

Relativizar é salvar-se

Muitas vezes será lembrada esta verdade: a mente humana é o manancial principal de nossas aflições. Se você despertar e tomar consciência disso, de que sua mente é a máquina que gera tanta angústia, desaparecerá de sua alma a maior parte de seus pesares e tristezas.

Vejamos como nossa mente aumenta o sofrimento: ao sentir uma emoção, ao experimentar um desgosto

Capítulo I

ou, simplesmente, ao viver um acontecimento, é tal a identificação que se dá entre a vivência e a pessoa, ou seja, a sensação da experiência absorve e ocupa de tal maneira o primeiro plano da consciência, que a pessoa tem a sensação de que, nesse momento, não existe no mundo outra realidade a não ser essa vivência. Por exemplo, se cobrir os olhos com as mãos, terei a impressão de que neste mundo, neste momento, não existe outra realidade além destas mãos, porque elas ocupam inteiramente minha visão; mas, quando as afasto do rosto, vejo que elas são insignificantes no contexto geral.

Com a mente ocorre a mesma coisa: a vivência daquilo que está acontecendo em determinado momento, digamos um desgosto, de tal modo envolve e ocupa a consciência, que a pessoa carece de distância ou perspectiva para apreciar objetivamente a dimensão do acontecimento real que está vivenciando, e é dominada pela sensação de que o que está ocorrendo possui uma dimensão total. Ou seja, absolutiza essa dimensão em função da proximidade e da falta de termos de comparação e sofre terrivelmente. Por exemplo, tem a impressão de que não existe outra realidade a não ser o desgosto presente e de que sempre será assim, e a pessoa é totalmente tomada pela angústia. Mas nem sempre será assim. Quando, com o passar das horas, dos dias ou dos meses, toma uma razoável distância e abre a perspectiva o suficiente, comprova que aquilo tão terrível nada mais era que um episódio insignificante de sua vida. Logo virá outro desgosto, o qual por sua vez passará, e depois outro, que também passará, e aqui não ficará nada. Tudo é um incessante passar; tudo é relativo.

É uma loucura chorar por coisas que hoje são e amanhã não serão. E, assim, as pessoas vivem atribuindo valor absoluto a cada um dos desgostos vividos em alta tensão, e sua existência transforma-se muitas vezes em um inferno. Se você desse atenção a cada episódio que tanto o faz sofrer, despertaria e tomaria consciência de que o que parece tão espantoso nada mais é que uma insignificância no transcorrer da existência. Quantas aflições de sua vida se reduziriam, então, à sua mínima expressão!

Entretanto, relativizar não significa disfarçar a realidade, como a avestruz que esconde a cabeça para não ver o perigo. É exatamente o contrário, trata-se de situar os fatos em sua verdadeira perspectiva e dimensão. Em suma, relativizar é objetivar.

Você perdeu o ente mais querido, caíram sobre sua alma o vazio, a noite e a tristeza da morte. Para que viver? – você pensa. Passou uma semana, a tristeza mergulha você na depressão. Passou um mês, já começa a respirar. Passaram seis meses, começa a esquecer aquele ente querido e a viver normalmente. Passou um ano, o ente querido é uma recordação tão longínqua... Passaram cinco anos, você vive como se aquela pessoa

Capítulo I

nunca houvesse existido. Tudo é tão relativo... Aqui não fica nada. Tudo é um passar. Por que se angustiar hoje por coisas que amanhã serão vazio, silêncio, nada? Se, ao receber a visita de um desgosto mortal, você parasse para prestar atenção ao fato e relativizá-lo, quanto sofrimento desapareceria de sua alma!

Vamos imaginar um outro caso. Suponhamos que você seja uma pessoa insubstituível no ambiente familiar, nos negócios, no sindicato, na política... Tudo gravita em torno de você. Todos comentam: "se ele morrer, tudo irá por água abaixo". Você morre de fato. Depois dos primeiros dias de desarranjo e confusão, passo a passo, tudo começa a se ajeitar, os vazios que você deixou vão sendo preenchidos e, poucos meses depois, tudo continua funcionando como se nada houvesse acontecido, como se você nunca houvesse existido. Tudo é tão insignificante, tão relativo... Por que se angustiar por coisas que, por natureza, são completamente efêmeras e passageiras, como as nuvens, as ondas, o vento? Chega de sofrimento!

A cidade onde você mora, há cinqüenta anos, era habitada por uma geração de homens e mulheres que sofriam, choravam, riam, se amavam, se odiavam...

Delírios de felicidade, noites de angústia, agonia, êxtase. Vinte e cinco anos depois dessa enorme carga vital, o que restou? Somente o silêncio. Tudo havia sido sepultado no vazio e no nada. Há vinte e cinco anos havia em sua cidade outra geração de homens e mulheres que se amavam, se odiavam... Lágrimas, risos, ódios, noites de insônia, sobressaltos. De tudo isso, o que resta agora? Absolutamente nada. Silêncio e nada. Hoje, sua cidade é habitada por outra geração de homens e mulheres, entre eles você mesmo, que se preocupa, luta, se exalta, se deprime, sente medo, euforia... De tudo isso, como vai ser dentro de alguns anos ou, até mesmo, muito antes? Não restará nada além do silêncio, como se nada houvesse ocorrido. Tudo é tão relativo... Aqui não fica nada.

É uma loucura angustiar-se com coisas que hoje são clamor e amanhã serão silêncio. Se no momento em que você se sente dominado por uma desgraça e devorado pela angústia, como se não houvesse no mundo outra realidade além do seu desgosto, você parasse para prestar um instante de atenção e pensasse que tudo é relativo, que tudo passará e bem rápido, que taça de alegria para o seu pobre coração!

Hoje, pela manhã, você abre o jornal e se entristece com a notícia de um terrível acontecimento que ocorreu em sua cidade. É o assunto da conversa de todo mundo. No dia seguinte, você abre o jornal e fica estarrecido com outras notícias mais impressionantes ainda. Da notícia do dia anterior, ninguém mais se lembra, ninguém comenta. No terceiro dia, o jornal fala de novos horrores que ocupam as conversas das pessoas. Ninguém fala dos horrores dos dias anteriores.

E assim, cotidianamente, as pessoas vivem de impacto em impacto, absolutizando cada acontecimento, como se de cada momento dependesse o destino do mundo e, no entanto, está muito claro que nada é absoluto, que tudo é relativo, que tudo flui como a água do rio que passa e não volta. Resumindo, aqui não fica nada. Atribuímos valor absoluto aos acontecimentos de cada instante, mas voltamos a comprovar, a cada vez, que tudo tem uma importância relativa.

Aplique essa reflexão à sua vida familiar e verá que aquela terrível situação do mês passado já é um fato esquecido. E a preocupação que hoje tanto o assusta, daqui a um mês será uma simples lembrança.

Desperte, pois, meu irmão, cada vez mais, e, relativizando, elimine a maior quantidade de sofrimento possível. Sentado diante da tevê, vibre ou fique deprimido com os acontecimentos políticos, com os torneios esportivos; sofra e alegre-se com o vai-e-vem de seus negócios, diante dos movimentos da vida familiar, enquanto seu estado de ânimo sobe e desce como se em cada momento estivesse jogando o destino eterno. Mas, você está vendo, tudo é tão efêmero como o orvalho da manhã. Por que se angustiar tanto? Tudo é tão oco como um gomo de bambu, mutável como a rosa-dos-ventos, passageiro como as aves, como as nuvens... Por que sofrer tanto?

Na história tudo aparece, resplandece e desaparece, tudo nasce e tudo morre, vem e vai. É a lei da contingência. Escrevo este livro no último ano do século XX, um século que arrasta consigo uma gigantesca carga de sangue, fogo, destruição, paixões, ambições, lágrimas, gritos, morte, guerras com milhões de mortos, milhões de mutilados, povos arrasados, cidades incendiadas... E, com o século, termina também o milênio. Meu Deus, que vibração sideral nestes mil anos! Quantos mundos emergiram e submergiram! Muito em breve a noite cobrirá tudo com seu silêncio, e tudo ficará submerso no escuro seio do que já passou, no oceano do contingente e do transitório.

Gostaríamos de reter os momentos agradáveis — que ilusão! —, de eternizar os acontecimentos brilhantes, mas estamos comprovando que tudo nos escapa e se desvanece. Aqui não fica nada.

Desperte, pois, meu irmão, uma e outra vez, e em cada desgosto e preocupação tome consciência da relatividade de tudo o que acontece com você e, assim, economizará energias para elevar-se acima dos acontecimentos assustadores e para instalar-se nas profundezas imutáveis de sua presença, do autocontrole e da tranqüilidade.

E, a partir dessa posição, poderá equilibrar o peso doloroso da existência, das ataduras do tempo e do espaço, da ameaça da morte e dos impactos que vêm de

Capítulo I

fora ou de dentro. Quando isso acontecer, o mundo irá se encher de harmonia e alegria, e seus próprios irmãos irão se contagiar com sua libertação.

Despertar é salvar-se

Este é o primeiro ato de libertação: despertar. O homem sofre porque está adormecido, e está adormecido porque não percebe que é sua mente o motor que gera a angústia.

Se você está em seu quarto, dormindo profundamente, enquanto na vizinhança estão se matando ou casas estão pegando fogo, para você isso não afeta em nada, porque as coisas existem à medida que existem em sua mente. Se estão difamando e caluniando seu nome pelas costas, mas você não fica sabendo, então não acontece nada, seria como se estivessem elogiando você. No dia de sua morte, seu corpo pode ser esquartejado ou ultrajado, você não se importará com isso. Quando a mente pára de funcionar, nada mais tem sentido. Para o morto, tudo está morto.

As coisas existem tanto quanto existem na sua mente. Se tivéssemos tal poder sobre nossa mente que pudéssemos tirar ou colocar os pensamentos à vontade, não haveria mais desgostos em nossa vida. Somos nós que criamos os desgostos.

Suponhamos que há três meses certas circunstâncias fizeram com que seu prestígio rolasse por terra. Essa história infeliz é um fato consumado que ficou ancorado lá, no tempo e no espaço. Se você o eliminar de sua mente, se o relegar à região do esquecimento, irá se sentir como se nada houvesse acontecido, como se essa história jamais tivesse ocorrido. No entanto, é você que agora começa a relembrar aquele pesadelo, começa a reviver na mente aquele funesto episódio, como se tudo estivesse acontecendo agora mesmo, e se inflama de fúria, raiva, tristeza, vergonha..., como quem está preso em um círculo de fogo. E é agora, atenção, que um fato passado se transforma em desgosto. Mas é você, acorde, é só você que está fazendo de um fato passado um desgosto presente.

O desgosto é, portanto, um produto da sua mente. É preciso despertar dessa terrível noite. A causa geral do sofrimento humano é resultado da mente. Falando de maneira gráfica e aproximativa, diria que oitenta ou noventa por cento do sofrimento é uma questão subjetiva. Poderíamos dizer que o novo nome do "inferno" é "mente", porque não devemos esquecer que "inferno" significa "sem saída", e onde não existe saída existe prisão, e onde existe prisão existe angústia.

É a mente que aperta e asfixia o pobre homem entre seus muros circulares até que ele se sinta sufocado, sem saída possível. Ou, melhor, é a mente que se sente aprisionada em si mesma. Não há pior prisão nem mais dura escravidão que uma mente ocupada com suas obsessões. Mas essa notícia, em vez de ser amarga, é

Capítulo I

uma boa notícia porque, assim como nossa mente gera a angústia, também pode gerar a liberdade. Tudo está em nossas mãos: o bem e o mal. O problema é um só: despertar.

Você sofre porque está adormecido, adormecido na noite de sua solidão. Seus medos são fantasias, sem base nem fundamento. Você sofre porque não percebe que são sombras imaginárias. Se eu lhe dissesse: "Suba essa montanha à meia-noite", antes que acabassem os cinco primeiros minutos, você já teria visto inimigos por todos os lados. Cada galho agitado pelo vento é um ladrão escondido, aquela vaca é um bandido à espreita, o rumor do vento pressagia a presença de bruxas...

A escuridão gera o medo, e o medo gera fantasmas. Se ao meio-dia eu disser a você: "Suba essa mesma montanha", a subida parecerá um passeio delicioso, e você verá que o vento é vento, e a vaca é vaca... E, assim, agora você descobre que os fantasmas da noite eram apenas produtos de sua mente. Da mesma forma, se você estiver adormecido, ou seja, trancado na escuridão de sua mente, sentindo-se solitário e desprotegido, experimentará uma sensação escura de medo, e o medo fará você ver fantasmas por todos os lados.

"Este não me ama mais", "aquele está contra mim", "este projeto vai fracassar", "aquele grupo não confia

Salve a si mesmo

mais em mim", "aqueles estão tramando destituir-me do cargo", "este está me traindo", "aquela não vem mais me visitar como antigamente, o que terão dito a ela?", "o irmão não chega, com certeza sofreu algum acidente"... Tudo é pura fantasia, você está adormecido, não existe nada disso, ou existe bem pouco. Desperte, tome consciência de que é sua mente, trancada em sua noite, que está gerando essas sombras. Desperte.

De repente, você se sente torturado pelo pavor; mas não percebe que se trata tão-somente de uma mania persecutória que inventa sombras alucinantes. Você está adormecido. Depois, começa a reviver, com roupagem de tragédia, peripécias insignificantes de sua vida. Você está adormecido, e estar adormecido significa projetar mundos subjetivos, exagerar perfis negativos, andar fora da realidade, tirar as coisas de sua dimensão correta. A maior parte das inseguranças, preocupações e sobressaltos é, em geral, filha de uma mente obsessiva.

É preciso despertar, e só o fato de despertar já economizará grande quantidade de sofrimento. Despertar equivale a dar a si mesmo um toque de atenção, dar-se conta de que estava se torturando com pesadelos, que estava exagerando o risco de tal situação, que aquilo que tanto o sobressaltava era mera suposição de sua mente. Suas apreensões eram pesadelos e seus temores, quimeras. Saber que os sonhos são sonhos; saber distinguir a fantasia da objetividade, a ilusão da realidade; saber que tudo passa e nada fica; saber que as dores

Capítulo I

sucedem às alegrias e as alegrias, às penas, e que aqui embaixo não existe nada absoluto. Despertar, enfim, é perceber que se estava dormindo.

À meia-noite o mundo estava coberto de névoa, amanhece e... onde se esconderam as trevas? As trevas não se esconderam em nenhum lugar, as trevas eram simplesmente nada, a luz revelou que eram nada. Do mesmo modo, quando você estava dormindo, sua mente estava povoada de sombras e tristezas. Amanhece, ou seja, você desperta mentalmente e agora comprova que seus temores não eram nada. Ao despertar, o sofrimento se dissipa, como se dissiparam as trevas ao amanhecer. Desperte e não mais sofrerá.

Em qualquer momento do dia ou da noite, quando você se surpreender dominado pelo medo ou pela angústia, imagine que estava dormindo. Faça uma nova avaliação, reveja seus julgamentos e verá que estava exagerando, pressupondo, imaginando, superdimensionando. Sempre que se sentir aflito, levante a cabeça, sacuda-a, abra os olhos e desperte. Muitas trevas desaparecerão de sua mente, e haverá um grande alívio.

Viver é a arte de ser feliz, e ser feliz significa superar progressivamente o sofrimento humano e, por esse caminho, conquistar a tranqüilidade da mente, a serenidade dos nervos e a paz da alma. Mas não vá acreditar que essa felicidade será alcançada num passe de mágica. Você precisará de muita paciência, esforço e, sobretudo, de uma constante dedicação à prática dos exercícios de relaxamento e concentração, que se encontram no Capítulo V, além de introspecção e meditação.

Não será apenas lendo estas páginas que você conseguirá o que deseja. É preciso que os desejos se transformem em convicções e as convicções, em decisões; e as decisões devem conduzi-lo a reorganizar seu programa de atividades e, em meio a elas, a reservar espaços livres para praticar metodicamente os exercícios de relaxamento, concentração e meditação.

Vale a pena sustentar com firmeza esse esforço de libertação; não esqueça que a liberdade não é um dom, mas uma conquista; dê-se conta de que vivemos uma vez só, de que este banquete não se repete. Já dissemos que a maior infelicidade humana consiste em sentir que os anos passam sem que os tenhamos vivido e que a morte não pode surpreender-nos sem que antes tenhamos *vivido*. Desperte, meu irmão, coloque-se em pé e salve-se, e assim poderá fazer parte da grande marcha da libertação dos povos.

Capítulo II

O impossível,
deixe-o para trás

Os inimigos estão dentro

É na mente humana que se forjam os inimigos do homem e também os amigos. Tudo ao que mentalmente opomos resistência transformamos em inimigo. Se não gosto destas mãos, elas são minhas inimigas; se não gosto de chuva e calor, eles são meus inimigos; se não gosto da pessoa que está ao meu lado, dessa tosse, daquele barulho... são meus inimigos. Se não gosto da minha aparência, do meu nariz, dos meus dentes, da minha pele..., transformam-se em meus inimigos, despertam em mim os mesmos sentimentos de repulsa que um inimigo real. E você começa a se tratar com hostilidade, como se fosse seu próprio inimigo, envergonhando-se. E envergonhar-se equivale a castigar a si mesmo.

Os inimigos estão, portanto, dentro do homem. Ou melhor, os inimigos passam a existir à medida que você lhes dá vida com suas recusas mentais. Se rejeitar seu vizinho, você o transforma em inimigo, mas o problema não está nele, e, sim, em você. A inimizade cresce à medida que aumenta a repulsa de seu coração. Se você não gosta da voz de determinada pessoa, do modo de ser daquela outra, do jeito de andar daquele outro, dessa atitude, daquela reação..., sua alma pode acabar transformada em uma cidadela cercada de inimigos por todos os lados.

Desse modo, milhares de acontecimentos e de agentes externos podem despertar em você sentimentos de hostilidade, reações iradas, impulsos de violência.

Portanto, se o homem acaba se transformando em inimigo de tudo que o desagrada, pode acabar transformando-se em um ser universalmente sombrio, medroso e ao mesmo tempo temido e inimigo da humanidade... E pode entrar no seguinte círculo vicioso: quanto menos gosta das coisas mais as rejeita, e quanto mais as rejeita menos gosta delas. É preciso sair desses círculos de fogo.

Quando um indivíduo está irritado, tudo o aborrece; quando está inquieto, tudo o incomoda... Os defeitos congênitos da personalidade aumentam à medida que aumenta o estado de nervos do indivíduo. Uma pessoa rancorosa torna-se muito mais rancorosa quando está nervosa. Um tipo que se irrita com facilidade fica à beira da loucura quando se encontra em uma crise de nervos. Uma pessoa desconfiada torna-se insuportável quando seu estado nervoso fica agudo.

Repetimos: o bem e o mal nunca fluem de fora para dentro, ao contrário, sempre de dentro para fora. Dentro de nós está, portanto, a fonte de toda a bênção. Efetivamente, nossa mente será o manancial de todo o bem à medida que formos capazes de deter o funcionamento da mente ou de suprimir sua atividade no momento em que nos damos conta de que ela, a mente, está ocupada com lembranças desabridas ou está gerando pensamentos negativos.

Capítulo II

Entretanto, por meio de um treinamento assíduo na prática da concentração mental, podemos chegar a criar um vazio completo na alma, a deter momentaneamente a atividade da mente, de tal modo que possamos ficar, por um instante ao menos, sem pensamentos, sem imagens, no completo vazio mental. Essa capacidade é uma magnífica libertação para o momento, por exemplo, em que nos encontrarmos dominados pelas obsessões. Não existe pior prisão que uma mente ocupada, obcecada por seus próprios complexos, lembranças amargas, histórias dolorosas; também não existe maior felicidade que o fato de ter a mente ocupada apenas e tão-somente com os pensamentos que eu quero ter.

É nisso que consiste a verdadeira liberdade, em ser eu o verdadeiro árbitro de mim mesmo, dono de minha atividade interior. Enquanto não avançarmos nessa direção, não poderemos falar em liberdade. Se as coisas existem para mim à medida que existem em minha mente, já posso compreender como esse poder central é a chave de ouro da serenidade.

As coisas e as pessoas, por si mesmas, são boas, luminosas, mas, se seus olhos as observam através de seus descontentamentos, então se tornarão repulsivas ou irritantes. O problema está em você. Se conseguir serenar seu ânimo, fazer de seu coração um colo acolhedor, nenhum estímulo externo, por mais estridente que seja, poderá irritá-lo.

E digo mais, nenhuma realidade irá lhe causar repulsa se você se dedicar a observá-la pelo lado positivo. Suas mãos podem não ser bonitas, mas você já parou para pensar nos prodígios que elas realizam? O que seria de você sem as mãos? Pode ser que seus olhos não sejam estrelas, mas o que seria de você sem esses olhos? Noite eterna. É possível que seus dentes não sejam perfilados e brancos, mas já pensou com que ordem e articulação estão dispostos, e que função admirável desempenham no plano digestivo? É possível também que você se sinta triste por causa do peso de suas tendências negativas, como o rancor e a impaciência, mas... já pensou que, se você tem sete defeitos, tem setenta qualidades? Você não tem tido sucesso ultimamente, é verdade, mas... por que não pensa nos inúmeros projetos de sua vida que foram um sucesso total?

Enquanto os outros o consideram uma pessoa de sorte, você se sente descontente porque seus olhos estão fixos nos episódios negativos de sua vida. Não é correto. Pode ser que seu colega de trabalho ou sua vizinha sejam irascíveis ou que tenham mau gênio, mas você se esquece do quanto são prestativos. Os amigos o enganaram, aquele ambicioso projeto veio abaixo, o negócio fracassou por um erro de cálculo. Mas quantas lições aprendidas! Como foram úteis para libertá-lo das escravidões internas e das manias de grandeza! Não

Capítulo II

existe no mundo infortúnio ou contratempo que não contenha resultados positivos, lições de vida.

Aqui entrego a você, portanto, essa chave de ouro para entrar no reino da serenidade: descobrir o lado positivo das coisas.

Como já dissemos, todo sofrimento é uma rejeição ou rebeldia da mente, e onde há rejeição há angústia. De modo que a rejeição emocional é uma escura força subjetiva que tende a anular e a deixar de fora aquilo que nos desagrada. Uma recusa mental, aplicada estrategicamente, pode ajudar a vencer, parcial ou completamente, certos inimigos, como as doenças ou as injustiças. Por isso, o prioritário é que, diante das coisas que nos desagradam ou incomodam, devemos nos perguntar: posso eliminá-las ou neutralizá-las? Como resposta nos veremos diante de realidades desagradáveis ou hostis que podem ser eliminadas completamente ou talvez em quarenta, em vinte ou em cinco por cento. Nesse caso, é preciso usar todas as forças disponíveis para deixar fora de ação todos os inimigos.

Mas também podemos encontrar situações desagradáveis cuja solução não está em nossas mãos ou que são, em si mesmas, insolúveis. São as chamadas situações-limite, ou fatos consumados, ou simplesmente algo impossível. E nos apressaremos em dizer que, em uma proporção muito mais elevada do que poderíamos imaginar, somos impotentes diante dessas situações. O que podemos conseguir é pouca coisa, a liberdade está seriamente prejudicada e, às vezes, até mesmo anulada. Queremos muito, mas podemos pouco. Quem for capaz de aceitar essa precariedade humana sem pestanejar já estará a meio caminho na marcha para a libertação.

Assim, portanto, encontrando-se diante de situações dolorosas, pergunte a você mesmo: posso mudar isto que tanto me incomoda? Em que medida? Se existe alguma coisa que pode ser feita, na medida do possível, você tem a obrigação de ligar os motores e batalhar pela libertação.

Mas se não há nada a fazer, se em nosso caminho surgir o impossível, é uma loucura reagir com ira, como se pudéssemos remediar o irremediável, com as fúrias do coração. Aí está, portanto, a grande porta da libertação: o impossível, deixe-o para trás.

As pedras do caminho

O caminho da vida está repleto de pedras; o que devemos fazer com elas? O caminhante tropeça nelas constantemente; ao bater, machuca os pés e fica sangrando. As pedras estão aí, ao virar cada esquina, esperando-nos; o que devemos fazer com elas?

Hoje, dia de folga, o dia amanheceu feio e chuvoso; na viagem, o motor do carro encrencou; os vizinhos colocaram uma música estridente; o avião está com cinco horas de atraso; o granizo destruiu os trigais; disse a verdade, mas ele se ofendeu; é uma reunião chata que não termina nunca; já faz seis meses que não chove; o trânsito está congestionado e a paciência está no limite; nosso time perdeu um jogo decisivo; os pais estão a ponto de se separar; o chefe do escritório está insuportável; as geadas destruíram a colheita do ano; na viagem sentei ao lado de uma pessoa insolente; estivemos horas plantados na fila de espera; a inflação disparou e nossa economia corre risco; faz um calor sufocante; a casa do meu irmão foi hipotecada; o rio inundou nossos campos; nosso melhor amigo foi seqüestrado; presenciamos um acidente de trânsito; justo hoje que é dia de espetáculo ele amanheceu rouco...

Aí estão as mil e uma pedras do caminho. Como manter a calma, em meio a tantos agentes que nos atacam de todos os lados? Que fazer para não ser ferido por tanta agressão? Como transformar as pedras em amigas ou irmãs?

A regra de ouro é a seguinte: deixar que as coisas sejam o que são. Visto que, de nossa parte, não há nada a fazer e que, de qualquer modo, as pedras estarão teimosamente presentes no caminho, o senso comum aconselha a aceitar tudo com calma, quase com doçura.

Não se irrite porque o outro é assim. Aceite as coisas da maneira que elas são. Relaxe. Concentre-se calmamente em cada acontecimento adverso que se apresenta à sua volta e que você não pode remediar. Em vez de se irritar, permaneça tranqüilo e consciente e deixe que cada coisa seja como é. Deixe que chova, que faça calor ou que faça frio. Deixe que o rio saia de seu leito ou que as geadas ameacem as colheitas. Deixe que o vizinho seja antipático ou que a inflação dispare...

Sua tentativa de solução acabou em fracasso? Não se irrite, já passou, esqueça. Deixe que o avião chegue atrasado ou que o trânsito esteja engarrafado. São as pedras do caminho, não lhes oponha resistência. Não se aborreça com elas nem as trate a pontapés, enervando-se, apenas você sofre com isso. Não lance impropérios furiosos contra os acontecimentos adversos que se apresentam à sua volta, o alvo dessas fúrias é você, só você.

Seja delicado com as pedras, aceite-as como são. Sua cólera não poderá amenizá-las, pelo contrário, as deixará mais ferinas. Não se aborreça, seja carinhoso e doce com elas, essa é a única forma de elas não machucarem você. Aceite-as com harmonia, com ternura, de modo consciente, sem fatalismos. E, se você não consegue aceitá-las, se não consegue colocá-las nos ombros com ternura e carregá-las nas costas, pelo menos deixe-as para trás, no caminho, como amigas.

Capítulo II

As doenças e a morte

O mal da doença não é a dor física, mas a perturbação anímica. Podemos ter insuficiência coronariana, mas, se não sabemos o que está se passando, não pensamos no seu mal e não sofremos quase nada. Um cão não aflige a doença com sua irritação, mas a deixa em paz. Com isso, a doença para o animal não é uma vizinha chata, mas sim uma companheira de caminhada, quase uma amiga.

Esse é o caminho da sabedoria: uma vez que o ser humano fez e está fazendo tudo o que pode para vencer as doenças, deve deixar de lado toda a agressividade contra elas, não se irritar com elas, liberar as tensões, acalmar-se. Não convém entrar em guerra com elas, mas deixá-las em paz.

Mas se, mesmo assim, a doença acompanhar persistentemente o homem ao longo de seus dias, pelo menos que não seja na condição de inimiga, e, sim, de irmã e amiga, a irmã doença.

Meu irmão, aceite com tranqüilidade qualquer defeito corporal sem se irritar, sem se envergonhar e sem se entristecer: reumatismo, artrose, manqueira, miopia, calvície, dentição imperfeita, nariz proeminente, olhos sem brilho, deformações ou más-formações na face, na boca, na pele, no pescoço, nos braços, nas costas, nas mãos, nas pernas..., deficiências de audição, da fala, no modo de andar... Não se envergonhe de nada, não se entristeça por nada, não oponha resistência a nada, não se irrite com nada. Aceite tudo com tranqüilidade, deixe que tudo seja como é e seja amigo de suas deficiências. Procure pensar que, se você é míope, poderia ter nascido cego; se não é bonito, poderia ter nascido aleijado... Apesar de tudo, você é uma maravilha. Agradeça.

A morte é, nem mais nem menos, um conceito subjetivo e relativo, simplesmente um acabar-se. E a essa simples idéia de acabar-se, o homem reveste de tons vermelhos e perfis ameaçadores. Quanto mais pensa na morte, mais a teme, e quanto mais a teme, maior ela fica, até acabar transformando-a em espectro, maldição e desvario alucinante. É um aborto delirante de uma mente enlouquecida.

Nenhuma realidade do mundo encontra tanta resistência na mente como a morte, e, por resistir a ela desse modo, a transformamos, por antonomásia, em inimiga da humanidade e, por conseguinte, em soberana do mundo. Com isso sua presença cresce à medida que é rejeitada. É preciso acordar e tomar consciência de que é o próprio homem, somente ele, quem dá à luz esse horrível fantasma.

Uma andorinha não morre, simplesmente se apaga como uma vela. Da mesma forma um tubarão ou um

Capítulo II

rinoceronte. Um leopardo, o mais temido dos felinos, quando se vê encurralado, mostra suas garras para tirar de combate qualquer rival; mas quando a morte coloca o leopardo em xeque, o felino não opõe resistência nem contra-ataca, afasta-se humildemente, procura um canto na selva, deita-se e deixa-se levar pela morte como um manso cordeirinho. Não morre porque não opõe resistência. Por mais feroz que seja, também ele se apaga como uma humilde vela.

O único ser da Criação que cria problemas é o homem. E que problemas! Como dissemos, o homem reveste o simples conceito de terminar com características de maldição e estigma. Resiste a essa idéia com unhas e dentes, transformando esse transe no combate dos combates, e isso significa agonia.

O problema principal da humanidade não é como eliminar a morte, pois isso é impossível. Tudo o que começa acaba. Assim, devemos transformar a morte em uma irmã, em uma amiga. E nós já sabemos o que fazer: deixar-se levar.

Depois de ter feito todo o possível para esquivar-se dela, chegada a hora, é uma loucura opor-se ao desenlace inevitável. Quando ela já está aqui batendo é preferível abrir a porta voluntariamente antes que a arrombe com violência.

O impossível, deixe-o para trás

É preciso acordar e convencer-se de que tudo o que nasce morre e que, chegada a hora, de nada adiantará opor resistência, que apenas forjará o fantasma da morte. Quanto maior a resistência, maior será a vitória da morte.

Chegada a hora, opor resistência é loucura e autodestruição. O homem deve tornar-se amigo da morte, ou seja, tornar-se amigo da idéia de ter de acabar, e aceitar com paz e alegria essa idéia. Serena, humilde, sabiamente deve aceitar acabar-se, soltar as amarras que o atavam à vida e deixar-se levar mar adentro.

Tudo está bem. É bom o inverno rigoroso, logo chegará a primavera. Quando eu tiver acabado, outros começarão; do mesmo modo que muitos tiveram de acabar para que eu pudesse começar. As coisas são assim, e temos de aceitá-las como são. Eu acabarei, outros me seguirão. E em sua incessante ascensão o homem voará cada vez mais alto. Tudo está bem.

Acabou a vida, mas foi um privilégio viver, foi-se a juventude, mas foi tão bonita..., acabou a idade adulta, mas semeamos tanto bem... Chegou a hora; nada mais resta além de soltar ao vento a última canção, o canto da gratidão à vida; soltar também os remos e, agradecido e feliz, partir, deixar-se levar. E assim transformamos a pior inimiga em uma amiga.

Capítulo II

Quero indicar aqui que existe outra maneira de enfrentar o impossível: deixá-lo nas mãos de Deus e aceitar com tranqüilidade e em silêncio o mistério da Vontade Dele, o que, sem dúvida, é a mais absoluta libertação. Mas para isso precisamos de uma fé sólida, viva.

O tempo passado

Não podemos retroceder nem um instante no tempo. Tudo o que aconteceu até este momento já é fato consumado, é impossível alterar até mesmo um milésimo de segundo. Pois bem, relembrar e reviver os acontecimentos passados costuma transformar-se na principal fonte de tristeza e sofrimento para a maioria dos irmãos.

É hora de acordar e deixar para trás o impossível.

O que diríamos de uma pessoa que, ao se aproximar de um muro de pedra, começasse a bater a cabeça contra ele? Pois bem, essa é a situação de quem se dedica a amargurar-se relembrando e revivendo histórias dolorosas.

Esses episódios dolorosos são mais irremovíveis que uma muralha ciclópica. Uma muralha, à nossa frente, pode ser desmantelada pedra por pedra, ou golpe por golpe; entretanto, os fatos consumados não serão alterados um milímetro sequer, mesmo que você derrame oceanos de lágrimas. Sentir vergonha e tristeza deles e por eles, trazê-los obsessivamente à memória, é como

O impossível, deixe-o para trás

bater a cabeça contra um rochedo. É sua cabeça que quebra. Então, para que relembrá-los? Deixe-os para trás.

Dois anos e meio atrás você foi traído; há apenas uma semana aquele seu projeto importante foi objeto de riso; oito meses atrás um dos seus perdeu a vida em um acidente de trânsito; há pouco tempo você esteve a ponto de perder o emprego por causa de intrigas, causadas pela inveja...

Os fatos já estão consumados, não serão alterados nem em toda a eternidade; deixe-os para trás, portanto, no esquecimento. Relembrando-os, você volta a revivê-los; é uma loucura, só você sofre. Aqueles que tanto mal lhe fizeram estão alegremente desfrutando a vida sem se importar com nada; e você se inflama de cólera e fúria contra eles, mas a ira de seu coração não chega sequer a roçar-lhes a pele, enquanto você se consome e se corrói com seu próprio veneno. É uma loucura, chega de sofrimento.

Lembre-se: as fúrias de seu coração nada poderão fazer para que o que já aconteceu não tivesse acontecido.

Existem pessoas de tendências subjetivas e pessimistas ao mesmo tempo, que vivem relembrando casos passados, algumas vezes já bem remotos, nos quais se viram desagradavelmente envolvidos. E agora, ao relembrá-los, se enchem de vergonha, chegam a corar, como se aqueles fatos tivessem acontecido nesta manhã, revivendo-os como se ainda estivessem enredados entre

53

Capítulo II

as dobras daqueles acontecimentos já tão longínquos. Acusam as outras pessoas, agredindo-as mentalmente, e se consolam com sentimentos de autocompaixão.

É uma infeliz recriação de uma mente delirante.

Uma das fontes de tristeza humana mais opressoras são os fracassos. O fracasso é um conceito relativo e subjetivo, uma vez mais, um produto da mente. Você tinha um projeto; calculou que o projeto alcançaria, digamos assim, a nota cem, mas, uma vez realizado, o projeto acabou alcançando nota quarenta e cinco. Você considera o resultado negativo. Mas, na verdade, só foi inferior às suas previsões.

Frustrado e humilhado, você começa a rejeitar mentalmente o resultado inferior ao esperado e, a partir desse momento, começa a transformá-lo em fracasso, que começa a pressionar você, ou, pelo menos, é assim que você sente e, à medida que sente essa pressão, resiste a ela com toda a alma, tornando-a aceleradamente mais opressora. E assim, preso nesse círculo vicioso, você pode acabar sendo vítima de profundas perturbações de personalidade.

Daí nasce a angústia, que significa estreiteza, aperto. Mas, meu irmão, acorde, não é o fracasso que o está apertando. É você que está se pressionando com suas rejeições mentais contra o fracasso. Aquilo que inicialmente foi só um resultado inferior aos seus cálculos, de tanto ruminar o assunto, você o vai transformando em um pesadelo que envergonha e entristece.

É uma insensatez. Acorde e fuja do incêndio.

Uma vez que você colocou todo o seu esforço num trabalho ou em outra coisa qualquer, acabou o combate e tudo está consumado. A sabedoria e o senso comum dizem que é uma insensatez perder tempo com lamentações, batendo a cabeça contra os muros indestrutíveis dos fatos consumados. O esforço depende de você, mas os resultados não dependem de você, mas sim de uma série imponderável de causalidades.

Coloque toda a sua paixão e energia no combate da vida; quanto aos resultados, esqueça, e fique em paz, uma paz que chegará quando você tiver se libertado dos resultados. Se os resultados não dependem de você, é uma loucura viver oprimido, humilhado, envergonhado pelo espectro do fracasso.

O consumado, consumado está.

É inútil chorar e lamentar-se queimando energias de modo estéril. Humilhar-se? Por nada. Envergonhar-se? De nada. Entristecer-se? Por nada. O que passou deixe para trás, no esquecimento. Continue na batalha da vida com a plenitude de suas energias.

Capítulo II

Outra terrível fonte de tristezas são os complexos de culpa, que nascem no recôndito mais negativo do ser humano, e se reduzem a dois sentimentos: tristeza e vergonha.

As pessoas sofrem muito por causa dos sentimentos de culpa. Sentem-se tristes e envergonhadas por seus erros e desacertos. Vivem dia e noite acusando-se sem poder se consolar, mastigando a erva amarga da culpa por não ter acertado na educação dos filhos, por ter tomado tal atitude ou ter pronunciado tais palavras, por não ter assistido suficientemente tal pessoa que faleceu, por ter feito papel ridículo diante daquele grupo, por não ter tido atitudes adequadas, por ter feito uma pessoa sofrer, por não ter vivido dentro da escala de valores recebida na juventude, por ter pecado neste ou naquele assunto...

Sentem raiva, remorso, tristeza, instinto de vingança contra si mesmos. Encerram-se em uma confusão tão contraditória que se autocompadecem, autocastigam, autojustificam e tudo isso envolto no manto daquele binômio da morte: tristeza e vergonha.

Entre os complexos de culpa, os mais terríveis são os que se dão no campo da religião, a obsessão pela culpa e pelo pecado. No âmago desses complexos, agitam-se instintos de vingança contra si mesmos, irritam-se consigo mesmos porque acreditam que têm pouca valia, ficam indignados e sentem raiva por serem assim, incapazes de agir de acordo com a vontade de Deus e

56

com os critérios da razão. Humilham-se, vivem se enfurecendo consigo mesmos por não aceitarem suas limitações e impotências, envergonhando-se e entristecendo-se por suas culpas e pecados.

E, provavelmente, na última análise desses complexos, a mãe que dá à luz esses sentimentos é o chamado complexo de onipotência. O homem fica ferido e derrotado ao perceber que não pode voar pelo alvo do ideal.

Esses sentimentos de culpa foram sendo cultivados deliberadamente entre nós, como se houvesse um convite tácito para enfurecer-nos contra nós mesmos por sermos pecadores, e como tais, merecedores de castigo. E antes de sermos castigados por Deus, é preferível nos castigarmos psicologicamente mediante sentimentos de culpa e remorso, tendo-se a impressão do cumprimento da justiça divina. E, assim, fomos cingindo nossa cabeça com uma coroa de hostilidade.

É hora de acordar.

É indispensável viver alerta e dar-se conta de que é uma insensatez remexer arquivos que contêm histórias irremediavelmente mortas.

"Água que não hás de beber deixe-a correr", diz o ditado.

Aquelas pessoas que tiveram uma influência tão negativa em sua juventude, aqueles equívocos que mais

Capítulo II

tarde você tanto lamentou..., deixe-os todos no esquecimento eterno. Aquelas pessoas, aquelas hostilidades emanadas da inveja negativa, aquela sutil rasteira, aquelas incompreensões, aquelas meias verdades que tanto desprestigiaram você, aquele episódio que ainda hoje o faz corar e entristece... Enterre tudo na cova do esquecimento.

Aqueles que nunca estimaram você, que sempre o desprezaram, os que pelas costas mancharam seu nome com calúnias e mentiras, aquela crise emocional, o prejuízo financeiro, aqueles ideais que você nunca pôde realizar, aqueles projetos que caíram por terra, sabemos bem de quem foi a culpa... Arranque de seu interior todos esses tristes despojos e enterre-os sob sete palmos de terra, a terra do esquecimento. ·

Águas passadas não tornam a passar.

Deixe que os mortos enterrem os mortos. Réquiem sobre as folhas mortas e os arquivos esquecidos. Nada disso existe mais; não vá revivê-los em sua mente; esqueça tudo; acorde como se estivesse nascendo de novo neste dia. Levante a cabeça, olhe para a frente e avance para um mundo de alegria e esperança.

Capítulo III
Obsessões e angústias

Capítulo III

A obsessão

Você está em seu quarto e, sem pedir licença, entra um inimigo e fecha a porta. Você não pode expulsar o intruso, tampouco sair de seu quarto. A obsessão é isso; é como se tivéssemos de coabitar com um ser estranho e inconveniente, sem poder expulsá-lo.

A pessoa que sofre de obsessão se sente dominada. Ela se dá conta de que a idéia que a obceca é absurda, não tem sentido, e que se instalou ali sem motivo algum. Mas, ao mesmo tempo, sente-se impotente para expulsá-la e parece que, quanto mais se esforça em afugentá-la, com mais força ela se instala e se fixa.

A maior infelicidade que um homem pode experimentar é sentir-se intimamente vigiado por um soldado, sem poder ser autônomo nem dono de si.

Para manifestar a idéia de obsessão, as pessoas se expressam da seguinte maneira: "Colocou uma idéia na cabeça".

Aquela mulher viveu durante longos anos cuidando zelosamente do pai, doente; depois que ele morreu, colocou na cabeça a idéia de que não havia cuidado do pai com suficiente esmero enquanto ele viveu. Ela tinha a consciência clara de que esse pensamento era absurdo, mas não pôde evitar que ele se tornasse obsessão.

Existem pessoas que, estando já deitadas, põem na cabeça a idéia de que não vão conseguir dormir.

A idéia as domina de tal modo que, efetivamente, não dormem.

Existem pessoas que, quando estão preparando a bagagem para uma viagem, abrem a mala cinco ou seis vezes para verificar se colocaram determinado objeto; pessoas que se levantam várias vezes da cama para verificar se a porta está bem fechada; pessoas que passam o dia inteiro lavando as mãos... Poderíamos multiplicar os exemplos.

Há a obsessão da culpa, do fracasso, do medo, da morte, das diferentes manias.

Existem pessoas que são e estão predispostas às obsessões por sua própria constituição genética. Basta que um fator estimulante se torne patente à sua volta para que entrem rapidamente em uma crise obsessiva.

O estado de obsessão depende também dos estados de ânimo: quando uma pessoa se encontra em um estado altamente nervoso, será presa de uma crise obsessiva muito mais facilmente que quando está relaxada e tranqüila.

Há três coisas que andam dançando em uma mesma corda: a dispersão, a angústia e a obsessão. As três agem entre si como mães e filhas, como causa e efeito. Mas, muitas vezes, não se sabe quem gera quem, quem é a mãe e quem é a filha. Até mesmo, suas funções podem ser alternadamente indistintas: a angústia gera obsessão, a obsessão, por sua vez, gera angústia, e, de todo modo, a dispersão sempre gera, ou pelo menos favorece, os dois estados.

As obsessões nascem quase sempre em um terrível círculo vicioso: a vida agitada, as grandes responsabilidades e um ambiente hostil e dominador.

Tudo isso leva a uma desintegração da unidade interna, com uma grande perda de energia. Assim o cérebro precisa acelerar a produção de energias com o conseqüente cansaço cerebral.

Esse cansaço cerebral deriva rapidamente em cansaço mental. O cansaço mental, por sua vez, nada mais é que fraqueza mental. E fraqueza mental significa que todos os estímulos externos e internos se agarram a você, dominando-o; você não consegue ser dono de seus mundos interiores, porque justamente os pensamentos e as emoções mais desagradáveis se apoderaram de você, se instalaram sem motivo nem razão, e passaram a dominar sem contrapeso os mecanismos de sua liberdade. E aquilo que você teme e ao qual opõe resistência fixa-se em você, domina-o, na medida em que você o teme e lhe opõe resistência.

Isso acontece porque os pensamentos obsessivos são mais fortes que sua mente, que está muito fraca. E sua mente está fraca porque seu cérebro está muito cansado e, por sua vez, seu cérebro está muito cansado porque precisa produzir aceleradamente grande quantidade de energia. Precisa repor muitas energias em virtude da dispersão e do nervosismo que existem em você. E, sendo mais forte, a obsessão acaba derrotando a mente. E a mente, ao se sentir dominada pela obsessão e incapaz de expulsá-la, fica prisioneira de uma angustiante ansiedade que deriva em cansaço e fraqueza mentais cada vez maiores, e então a força da obsessão é muito mais considerável e o domina sem muito esforço.

Esse é o infernal e temível círculo vicioso no qual, como já dissemos, dançam em uníssono a dispersão ou o nervosismo, a angústia e a obsessão, levando muitas pessoas a agonias insuportáveis e abrindo-se dessa maneira as portas ao inimigo mais perigoso: a depressão.

O que fazer? Alguns remédios, como os sedativos, podem ajudar em situações de emergência, mas são meros lenitivos, não atacam a raiz do mal. Algumas soluções, como as drogas, o álcool ou outras formas de evasão, só servem para enganar, para empanar os olhos, com o intuito de que não vejamos o inimigo.

Mas o inimigo está dentro de você e é preciso enfrentá-lo com os olhos abertos, pois não existe maneira de fugir de si mesmo. Existem vários tipos de remédios ao alcance de todos, mas não têm efeito instantâneo como o de determinados medicamentos. Ao contrário, exigem um paciente treinamento, produzem uma melhora lenta, algumas vezes com altos e baixos, mas uma melhora real, pois garantem o fortalecimento mental.

O primeiro remédio consiste em não opor resistência à obsessão em si; tudo aquilo a que se opõe resistência ou se reprime, além de não ser suprimido, contra-ataca com maior violência. Opor-se à resistência mental equivale a estreitar-se contra alguma coisa, e estreitar-se é angustiar-se, sentir-se apertado, oprimido. Se deixássemos a obsessão para trás, ela não oprimiria e, simplesmente e por si mesma, iria se dissipar.

Repetimos: aquilo que se reprime, contra-ataca e domina. A repressão aumenta, portanto, o poder da obsessão. Se a deixássemos para trás, ela mesma iria perdendo força. E deixar para trás consiste em aceitar que aconteça aquilo que tememos. Aceitar que não vamos dormir, aceitar que não vamos agir com brilhantismo diante de determinadas pessoas, aceitar que este ou aquele não nos ame, aceitar que tenham falado mal de nós, que o projeto não deu certo...

Só assim, aceitando, diminuiriam muitas de suas obsessões e algumas desapareceriam completamente.

O segundo remédio consiste na capacidade de desligar a atenção, de interromper à vontade a atividade mental, desviando voluntariamente o curso do pensamento e das emoções.

E isso se consegue acostumando-se a procurar o vazio mental, a suprimir momentaneamente a atividade pensante e a deter o motor da mente. Com esse vazio mental, economizam-se muitas energias mentais; com essa economia, o cérebro não precisa trabalhar tanto; e com o cérebro não trabalhando tanto, a mente descansa e se fortalece. Dessa maneira, sua mente conseguirá ser mais forte que suas obsessões.

Assim, você conseguirá ser capaz de afugentar as obsessões e alcançar o pleno poder mental até chegar a ser o único árbitro de seus mundos. Para conseguir tão almejados frutos, é preciso dedicar-se, com firmeza e método, à prática intensiva dos exercícios que você encontrará no Capítulo V. Os resultados virão lenta, mas firmemente; aos poucos, você conseguirá a tão desejada paz mental.

As obsessões, em alguns casos, desaparecerão completamente e talvez para sempre. Mas não ocorrerá o mesmo àqueles que por constituição genética são portadores de tendências obsessivas. Estes deverão permanecer atentos o tempo todo, pois, no momento em que se faça presente um estímulo externo ou lhes acometa um forte cansaço, podem entrar, novamente, em crise.

Em suma, a salvação não chegará a você como um presente de Natal. É você quem deve salvar a si

Capítulo III

mesmo. E, lembre-se, a liberdade não é um dom, mas sim uma conquista.

Depressão

Antes de iniciar o tema da angústia, quero dizer algumas palavras sobre a depressão, e farei isso não em consideração aos próprios deprimidos, mas aos seus familiares, pois estou convencido de que quem deve conhecer essa doença não são os doentes, mas, sobretudo, aqueles que os cercam.

De acordo com as estatísticas, aproximadamente vinte e cinco por cento das pessoas sofrem de algum distúrbio de caráter depressivo ao longo de sua vida, em graus e matizes diferentes. A maioria daqueles que se suicidam o faz em uma crise aguda de depressão. A mulher é mais propensa à depressão que o homem. E as classes sociais média e alta são mais afetadas que a classe humilde.

A depressão se denomina *reativa* quando é provocada por fatores externos à pessoa (contrariedades, falecimento de familiares, fracassos matrimoniais, financeiros, profissionais ou um grande cansaço cerebral). Entre os fatores externos, podem assinalar-se também algumas doenças que desferem duros golpes à vitalidade.

Existem pessoas que nascem predispostas à depressão, mas essa predisposição ocorre em uma variação muito ampla, que vai desde graus mínimos até os mais elevados. Existem pessoas que, por sua constituição genética, são absolutamente imunes à depressão. Outras, somente diante de acontecimentos verdadeiramente desagradáveis, sofrem de uma ligeira depressão. Outras, em contrapartida, à menor contrariedade mergulham na mais profunda depressão.

É denominada depressão *endógena* aquela que vem de dentro, da própria estrutura celular. Algumas pessoas nascem com uma inclinação a ela tão acentuada que, sem motivo algum, caem, mais ou menos periodicamente, em terríveis crises, com diferenças quanto à duração e à intensidade. São acometidas pela depressão de uma hora para outra. Sem nenhum motivo aparente, caem nas garras de um distúrbio depressivo terrível, com diferentes durações (de alguns dias a vários meses).

A crise, assim como veio, sem explicação nem motivo, vai embora, e as pessoas voltam a ser completamente normais. Esse tipo de depressão não aparece nas fases da infância e da juventude, e, sim, mais tarde; pelo menos é esse o padrão. Nos últimos tempos, entretanto, a depressão se faz presente também entre os jovens.

A depressão se distingue por causar um grande abatimento à pessoa. Nada entusiasma os deprimidos, tanto faz isso ou aquilo, paralisam-se as funções instintivas, a capacidade de pensar, de tomar iniciativas... e desaparece o sono. Nas horas de insônia, são assalta-

Capítulo III

dos pelas lembranças mais amargas e pelos complexos de culpa, revivendo os fatos mais sombrios de seu passado. A crise afeta todo o organismo: os gestos tornam-se lentos e torpes, a sensação de total inutilidade é grande, o olhar perde o brilho, a voz é monótona. Os depressivos são dominados por um desânimo geral, incapazes de vibrar com a alegria ou de se entristecer diante dos problemas. Perdem o humor, a vontade e a fome. Têm pressão arterial baixa e a freqüência cardíaca diminui. Em suma, são sintomas e atitudes de quem quer morrer.

E ocorre algo pior: o deprimido, dominado pela inércia e inibição, nem sequer tem vontade de sair dessa situação, e não faz nada para superar tal estado.

Mais que isso, o mais grave do distúrbio depressivo é o seguinte: as pessoas deprimidas têm, em geral, um aspecto saudável, não apresentam sintomas da doença. Todos os seus órgãos são saudáveis. O médico não faz diagnóstico nenhum. Os parentes e colegas, com suas opiniões gratuitas, começam a dizer que são apenas manias e que elas se fazem de doentes. E, acreditando estar fazendo um bem, aconselham: "Reaja, homem, você não tem nada, acredite, são coisas de sua cabeça". Com isso, tocamos no ponto mais alto do drama humano e do absurdo.

Daí se depreende que aqueles que estão perto do paciente podem influir decisivamente para o bem ou para o mal. A família e, em geral, aqueles que cercam o doente precisam tomar consciência da natureza da de-

Obsessões e angústias

pressão e dar afeto, muito afeto, ao paciente, mais do que nunca. Devem ter uma enorme compreensão e uma infinita paciência. Tudo aquilo que se disser a respeito, qualquer insistência nesse sentido, será pouco.

A angústia

É preciso distinguir a angústia da ansiedade. Na angústia se dá uma sensação física de opressão, sufocação e aperto que afeta diretamente a área visceral e se localiza também, embora em menor grau, no plexo solar, na região cardíaca e na garganta.

A ansiedade, por sua vez, é uma perturbação no âmbito psíquico, de caráter mais cerebral que somático. Em geral, a angústia produz um efeito de inquietação e paralisia; na ansiedade é o contrário, produz-se um efeito de sobressalto com tendência à fuga.

Na maioria dos casos, contudo, as duas sensações coexistem, sendo difícil distinguir as linhas divisórias entre ambas. Portanto, a angústia e a ansiedade são matizes diferentes de uma mesma doença.

Também é fácil confundir a angústia com o medo e, naturalmente, em toda angústia existe uma boa dose de medo. Muito mais próximo à angústia está o temor, por ser um sentimento diante do desconhecido.

Como se vê, os estados de ânimo se cruzam e transitam permanentemente entre angústia, medo, ansiedade, temor, obsessão e tristeza.

Existem a angústia vital e a angústia reativa. Grande parte das vezes, trata-se de uma angústia reativa. A angústia vital é aquela que se produz sem motivos ou estímulos externos. Existe, portanto, uma personalidade geneticamente angustiada.

As pessoas já nascem assim, estão sempre angustiadas, sem motivo. Sentem-se assediadas por dentro e por fora, preocupam-se com tudo, sentem medo de tudo, vivem pisando brasas, absortas em uma atmosfera interior constituída por temores, incertezas, preocupações, suposições, apreensões... Em geral, a personalidade ansiosa coincide com tipos obsessivos, tímidos e complexados.

Em quase todos os casos, entretanto, a angústia é reativa, produzida por uma complexa interação entre o indivíduo e seu ambiente. Na angústia reativa, sempre ocorre um estímulo externo, portador de uma possível periculosidade. Esse estímulo externo produz uma tensão, ou pressão, que altera o estado psíquico da pessoa com variados efeitos. Isso é a angústia.

Esses efeitos costumam ser os seguintes: aumento dos batimentos cardíacos, respiração agitada e mais rápida, descarga maior de adrenalina, distúrbio no processo circulatório, opressão e mal-estar na região gástrica...

Outras vezes, a angústia é um estado geral no qual a intensidade é mais suportável e a duração, mais prolongada. O sintoma específico, nesses casos, é o aperto que o paciente experimenta, sobretudo, na região gástrica, como se fosse um nó profundo, repercutindo também na região cardíaca e na garganta.

As pessoas que sofrem de angústia vital podem melhorar de modo considerável, embora, provavelmente, não cheguem à cura total.

Mas aqueles que padecem de angústia reativa podem chegar, em sua maioria, a libertar-se da doença por completo e por seus próprios meios. Uns e outros deverão ter em mente a palavra de ordem na qual sempre estamos insistindo: você tem de salvar a si mesmo. É um processo lento, pode ser que aconteçam progressos e retrocessos. É preciso perseverar pacientemente no exercício das práticas expostas no Capítulo V.

Os calmantes constituem vinte e cinco por cento dos remédios, o que, certamente, é um exagero. Eles podem trazer alívio em um momento de emergência, mas não abordam o mal pela raiz, são meros paliativos e provocam dependência. A solução da angústia, ou pelo menos a solução parcial, provém de se fazer uma nova avaliação.

Para a pessoa que está diante de uma situação perigosa, é difícil fazer, nesse momento, uma análise correta do grau de periculosidade da situação, e então surge a angústia. Nesses casos, as regras de ouro são: parar, tomar consciência de que está exagerando sobre o grau de ameaça; tornar a analisar a situação com a cabeça fria; contar tudo a uma pessoa amiga e equilibrada, e aplicar a essa situação as orientações do capítulo que fala sobre relativizar.

Existem mais dois verbos que são receitas de ouro para vencer a angústia: "liberar" e "deixar". Quantas vezes constatamos a origem subjetiva do sofrimento! Angústia é, como já dissemos, uma opressão mental contra algo, uma resistência mental. Todos os exercícios que ajudarem a liberar as tensões, a relaxar, ajudarão a eliminar muitas doses de angústia. No fim das contas, a angústia nada mais é que uma contração do sistema nervoso. Um sistema nervoso relaxado não conhece a angústia.

Por fim, não existe antídoto mais potente para vencer qualquer angústia, quase infalivelmente, que a doutrina do abandono. Mas para a vivência dessa doutrina é necessário ter uma fé viva.

Pouco podemos

Infinito em sonhos e insignificante em realizações, assim é o homem. Deseja muito, pode pouco; aponta para o alto, alveja baixo; faz o que não gosta, não consegue fazer o que gostaria; esforça-se para ser humilde, não consegue; tenta agradar a todos, não tem retorno; propõe-se a realizar metas grandiosas, fica na metade do caminho; luta para suprimir os rancores, extirpar a inveja, acalmar as tensões, agir com paciência... Mas não se sabe que demônios internos lhe impedem a passagem e o fazem fracassar. Originalmente, o homem é isto: contingência, precariedade, limitação, impotência... E essa é a fonte mais profunda do sofrimento humano.

O erro fundamental do homem consiste em viver entre sonhos e ficções. Porém, o Capítulo I, da sabedoria, nos propõe olhar tudo com os olhos bem abertos, permanecer sereno, sem pestanejar diante das asperezas da realidade, aceitando-a como ela é, e ter consciência de que somos essencialmente desprotegidos, sendo bem pouco o que podemos; que nascemos para morrer, que nossa companheira é a solidão, que a liberdade está mortalmente ferida e que com grandes esforços conseguiremos pequenos resultados...

A vida do homem sábio deverá ser um constante passar das ilusões para a realidade, da fantasia para a objetividade. Precisamos declarar guerra aos sonhos, depenar as ilusões e avançar para a serenidade.

Desde antes de nascer, o ser humano traz escrito em suas entranhas a história de sua vida em grandes traços. Efetivamente, marcadas ali, nas menores unidades viventes chamadas *genes*, traz o homem, escrito em

Capítulo III

códigos cifrados, as tendências fundamentais que dão forma à estrutura de uma personalidade: a criatividade, a afetividade, a intrepidez, a inibição, a atividade psicomotora, a capacidade intelectual, a sensibilidade, a nobreza, a generosidade, a mesquinharia, reações primárias ou secundárias... Tudo está marcado nas raízes do homem.

Desde o século XX, os primeiros experimentos de Biologia chegaram a estabelecer uma regra genética básica que atribui a ambos os progenitores, por igual, a participação nos traços hereditários. Os elementos paternos e maternos contribuem igualmente para a informação genética, trazendo cada um a sua mensagem própria. Entre eles, organizam um plano geral, ao qual responderão os traços fundamentais do futuro indivíduo.

Uma ampla exposição teórica e técnica sobre essa matéria encontra-se no meu livro *Del sufrimiento a la paz*, páginas 83-96. Dessa exposição doutrinal, deduz-se que as áreas de opção são pequenas, que, se a liberdade existe e funciona, está, entretanto, condicionada em amplas áreas de nossa personalidade e que, enfim, podemos bem pouco.

A sabedoria consiste em aceitar com tranqüilidade o fato de que podemos pouco e em colocar em ação todas as nossas energias para fazer esse pouco render o máximo. Tenho conhecido, em minha vida, inúmeras pessoas mergulhadas na frustração. Nos dias de sua juventude, sonharam com os mais altos ideais (sucesso profissional, felicidade conjugal, santidade, tendência política). Passaram-se os anos, durante longos períodos conseguiram manter acesa a chama da ilusão. Depois, ao perceberem lentamente a distância que existia entre os sonhos e a realidade, viram que suas ilusões, uma a uma, iam sendo levadas pelo vento. Hoje, aos cinqüenta anos, mostram-se decepcionadas e cépticas, não acreditam mais em nada, o ideal transformou-se em sua sepultura. Na verdade, não foi um ideal, e, sim, uma ilusão. O ideal é a integração da ilusão com a realidade.

Podemos pouco. Essa insistência em nossa desproteção não tem por que desanimar ninguém, é exatamente o contrário. O desânimo nasce de alçar o olhar para cumes elevados demais e, quando percebemos que são inacessíveis, somos invadidos pelo desânimo.

Nós, em compensação, dizemos que, embora seja verdade que valemos pouco, para alcançar esse pouco, colocamos em jogo todo o entusiasmo. Em nosso caso, não há desilusão, pois não houve ilusão. O segredo está, portanto, em colocar paixão, mas a partir da realidade.

Vamos supor que o ideal mais alto está em atingir cem pontos. É preciso lutar ardentemente para consegui-los. Mas você deve saber e aceitar de antemão e com serenidade que o mais provável é que consiga apenas setenta e cinco, quarenta e sete, quinze, ou, quem sabe, apenas cinco pontos. Você deve aceitar de antemão essas eventualidades, pois, caso contrário, o despertar poderá ser amargo.

A maneira concreta de evitar a frustração e a decepção é a seguinte: saber e aceitar serenamente que sua capacidade intelectual é mais limitada que seu desejo de vencer, que sua felicidade conjugal ou seu sucesso profissional podem falhar, que nem sempre você será aceito em sua sociedade, que não faltarão inimigos e nem sempre por sua culpa, que sua influência será relativa no grupo que lidera. Aceite de antemão tudo isso e suas energias não se queimarão inutilmente.

As pessoas não mudam, não podem mudar, na melhor das hipóteses, podem melhorar. Como vimos, todas as pessoas carregam, marcadas em suas raízes, tendências de personalidade: nasceu sensível, pode melhorar, mas morrerá sensível; nasceu rancoroso, pode melhorar, mas morrerá rancoroso; nasceu tímido, sensual, impaciente, primário..., poderá melhorar, mas os códigos genéticos o acompanharão insistentemente até a sepultura.

As coisas são como são, deixe-as ser como são e, dentro de suas possibilidades, libere o grande combate para a libertação.

As pessoas sofrem ansiando ser de outra maneira. Desesperam-se quando percebem que isso é impossível e caem em um poço de complexos de culpa, repleto de serpentes, que as mordem e as torturam.

Conheço muitas pessoas que fizeram e continuam fazendo esforços extraordinários para não ser como são, para suavizar as arestas de sua personalidade. Porém, o que conseguem mudar é pouco, ou nada, e caem no desânimo e na tristeza.

Num momento especial, sob os efeitos de um intenso fervor religioso, após uma conversão fulgurante, de fato suavizam os defeitos congênitos da personalidade de uma pessoa, e todos passam a comentar sua espetacular mudança de atitude. Anos depois, ao baixar o fervor religioso, percebem com dor que os defeitos congênitos da personalidade dela reaparecem com maior força. Nada mudou.

No transcorrer da minha vida, conheci muita gente consumida pelos complexos de culpa, entristecida ou envergonhada por não poder manter-se dentro do quadro de valores e virtudes recebidos na juventude, transformando-se, com o passar do tempo, nos piores inimigos de si mesmas. Essas pessoas castigam-se, enfurecem-se contra si mesmas, envergonham-se, ferem-se. Secretamente, trata-se de um instinto de vingança contra si mesmas, porque sentem raiva ao verem-se tão pequenas.

Em suma, humilham-se, e a humilhação nada mais é que um orgulho camuflado, não aceitam seus próprios limites. Trata-se do complexo de onipotência, pobre boneco de trapo sem entranhas, inerte em um canto!

Chega de sofrimento, meu irmão, é hora de despertar, de enterrar a tocha da ira, de olhar para você mesmo com benevolência e tornar-se o amigo mais amigo de você mesmo diante de tudo e sobretudo. Ao longo de seus dias, você cingiu sua cintura com o cinturão da hostilidade e sua cabeça com uma coroa de espinhos.

Chega de martírios. Como a mãe que cuida de maneira especial do filho mais desvalido, você amará sua pessoa justamente naquilo e pelo que ela possui de mais frágil, envolvendo-a em um abraço de ternura.

As coisas são como são: as estrelas giram eternamente lá em cima, frias e silenciosas; as escarpas permanecem irremovíveis à beira dos mares; o inverno é frio, e o verão, quente...

As coisas são como são e você é como é. Você gostaria de ser alegre, não é; gostaria de brilhar, não pode; gostaria de agradar a todos, não consegue; gostaria de ter a inteligência deste, a beleza daquele, o encanto daquele outro... Resumindo, você gostaria de ser de outro modo, sonhos loucos, vãs quimeras, labaredas de fogo...

Obsessões e angústias

É inútil, para que se lastimar? Desperte! As quimeras, jogue-as no lixo, as labaredas, lance-as ao fogo, e segure calma e sabiamente entre as mãos a fria realidade. Você é como é. De todo modo, e apesar de suas reticências, você é uma maravilha. Aceite-se, não como gostaria de ser, e, sim, como realmente é. Você gostaria de ser uma personalidade notável, mas é tão tímido e retraído; você gostaria de pegar uma estrela com a mão, mas é tão baixinho; você gostaria de ser senhor de seu mundo, mas instintos sensuais e tendências negativas maltratam você.

Não se irrite com isso, não se deprima por isso, não se entristeça por nada. Dirão que você é uma estátua de barro. Eu lhe digo que você é aurora e campana, arquitetura que para ser catedral somente necessita de sua compreensão e sua acolhida, de sua benevolência e seu carinho.

Seja o melhor amigo de si mesmo, seja feliz, porque somam uma legião os que esperam participar de sua luz e de seu calor, os que esperam avivar seu fogo na chama de sua alegria.

Vive-se uma única vez, irmão meu, você não pode dar-se ao luxo de desperdiçar esta oportunidade única. Encha sua casa de harmonia e o mundo se encherá de alegria. Tenha presente que sua existência é uma festa e que o seu viver é um privilégio. Cultive diariamente e com muito mimo a planta da alegria. Quando essa planta inundar de aromas sua casa, todos os homens do mundo, e até os peixes do rio, pularão de alegria.

Capítulo IV
Felizes aqueles que estão vazios de si

A ilusão do "eu"

Começaremos por compreender de que maneira a ilusão do "eu" é fonte de angústia e tristeza. E com essa tomada de consciência, só com isso, teremos aberto uma rota de libertação.

Uma coisa é o que eu sou como realidade objetiva, outra é a imagem que eu faço dessa realidade. Quando a imagem e a realidade coincidem, então somos equilibrados, adultos.

Mas, com freqüência, ocorre que a consciência se afasta da valorização objetiva de si mesma em um jogo duplo. Primeiro, não aceita, e, sim, rejeita a realidade. Em segundo lugar, deseja e sonha com uma imagem aureolada e magnífica. Do desejar ser assim, passa imperceptivelmente a imaginar ser assim – uma imagem ilusória e exagerada. Dessa forma, a consciência chega a confundir o que é com o que imagina ser.

Nesse processo geral de falsificação, o homem pode fixar-se, emocional e até morbidamente, a essa imagem falsa e ilusória de si mesmo. Como se vê, aqui não estamos falando do verdadeiro eu, que é a consciência objetiva da realidade, e, sim, de sua falsificação, que é a que normalmente prevalece em nós.

Este "eu", assim, entre aspas, falso "eu", é uma mentira, uma ilusão. É um centro imaginário que nasce e se alimenta com ficções, desejos e temores, e, por sua vez, os gera, assim como o óleo alimenta a lamparina. Acabado o óleo, apaga-se a luz, anulado o "eu", cessam os desejos, assim como, quando apagados os desejos e as ficções, se extingue o "eu". É a libertação absoluta.

O "eu" não existe como entidade estável. O "eu" consta de uma série de impressões que se renovam e se sucedem incessantemente. Em suma, o "eu" não existe, é uma ilusão imaginária, uma mentira que exerce sobre as pessoas uma tirania obsessiva. Você está triste porque sente que sua imagem perdeu o brilho. Dia após dia, luta para que sua figura social seja cada vez mais deslumbrante. Vive de sobressalto em sobressalto, dançando alucinado em torno desse fogo-fátuo.

Nessa dança geral, de acordo com os vaivéns dessa imagem, o ser esquecido o assusta, o ser desestimado o amargura, a imagem alheia, quando brilha mais que a própria, o perturba e, assim, o "eu" lhe rouba a paz do coração e a alegria de viver. Como sofrem as pessoas pela ilusão do "eu"! É, portanto, o "eu" um ídolo de pano da vaidade, do egoísmo e do orgulho da vida.

Por isso, as pessoas não se interessam tanto em ter como em parecer. Interessa-lhes tudo o que possa salientar a vã mentira de sua aparência social: sacrificam-se pelos belos trajes, pelos automóveis, pelas mansões luxuosas, pelas festas de sociedade, por aparecer nas páginas sociais dos jornais.... É um mundo artificial que gira incansavelmente em torno dessa sedutora e fútil mariposa.

O "eu" é uma louca quimera, um fogo-fátuo, um rótulo e uma roupagem, uma vibração inútil que me persegue e obceca. É um fluxo contínuo de sensações e impressões vinculadas a um centro imaginário inexistente. É preciso, portanto, apagar esse fogo. É preciso libertar-se do "eu".

A verdadeira libertação se baseia em: esvaziar-se de si mesmo, extinguir a chama desse fogo-fátuo, deixar de vincular-se a uma imagem ilusória, convencer-se de que o suposto "eu" não existe de fato e de que você vive em brasas por uma mentira, por uma quimera.

Você deve se convencer e tomar consciência de que, quando estava agarrado com tanta paixão à ilusão do "eu", abraçava uma sombra. E, uma vez extinta a chama da ilusão do "eu", apagam-se também aquelas emoções que eram mães e filhas, ao mesmo tempo, dessa ilusão (temores, desejos, ansiedades, obsessões, apreensões, angústias...). Apagadas essas chamas, nasce um grande descanso, uma grande serenidade.

Morto o "eu", nasce a liberdade.

Serenidade e sabedoria

Portanto, quem se esvaziou de si mesmo é um sábio. Para quem está vazio de si mesmo não existe ridículo. O temor nunca baterá à sua porta, tampouco a tristeza. Não existem sobressaltos para o despossuído, que não se preocupa com o que os outros pensam ou digam sobre sua pessoa.

Aquele que se esvaziou de si mesmo experimenta a mesma sensação de descanso de quando desaparece uma febre alta, porque o "eu" é justamente isso: chama, fogo, febre, desejo, paixão. E todo esse processo de libertação se consegue com o constante exercício do vazio mental (Capítulo V). O segredo está em deter a atividade da mente, porque essa atividade está centrada no "eu" e o gera. O vazio mental instala o homem em um mundo novo, no mundo da derradeira realidade, diferente do mundo das aparências.

Para o homem que se libertou da ilusão do "eu" e se esvaziou de si mesmo, nada no mundo consegue remexer sua serenidade. Assim como o furacão não fere o rochedo, os desgostos deixam imutável o homem que renunciou à ilusão do "eu".

A presença de si é perturbada normalmente pelos delírios do "eu", mas, uma vez eliminados, o "eu", despossuído, adquire o controle de si e da presença de espírito em tudo.

Capítulo IV

E por esse desprender-se de si e de suas coisas, o pobre e despossuído, uma vez livre das ataduras próprias do "eu", lança-se sem impedimento no seio profundo da liberdade. Como conseqüência, consegue viver livre de todo o temor e adquire a estabilidade de quem está acima de qualquer mudança. E assim, o pobre e despossuído, ao sentir-se desligado de si mesmo, entra suavemente nas águas cálidas da serenidade, humildade, benevolência, mansidão, compaixão, paz...

O homem artificial, aquele que se submete às tiranias do "eu", está sempre voltado para fora, obcecado em ficar bem, causar boa impressão ("o que falam de mim", "o que pensam de mim"). Ao vaivém desses altos e baixos, sofre, teme, estremece. A vaidade e o egoísmo amarram esse homem a uma existência dolorosa, tornando-o escravo dos caprichos do "eu".

Em contrapartida, o homem despossuído é essencialmente voltado para dentro. Como já está convencido de que o "eu" é uma mentira, não se preocupa com o que digam ou pensem com relação a um "eu" que ele sabe que não existe. Por isso, vive desligado das preocupações artificiais, em agradável interioridade. Apesar de viver entre as coisas e os acontecimentos, sua morada está no reino da serenidade.

Ele desenvolve atividades externas, mas sua intimidade está instalada em um fundo imutável. Sem poder nem propriedades, o despossuído segue seu caminho olhando tudo com ternura, tratando tudo com respeito e veneração. Sua vestimenta é a paciência e suas entranhas são tecidas de mansidão. Nada tem a defender, porque está desprendido de tudo.

Não ameaça ninguém e não se sente ameaçado por ninguém; por isso conta com a amizade de todos. Armas, para quê? A quem nada tem e nada quer ter, o que poderá perturbar? Por isso, o homem vazio de si mesmo é um homem invencível. Não haverá no mundo emergências dolorosas nem eventualidades imprevisíveis que possam ferir, golpear ou desmoronar a estabilidade e a harmonia do homem que se libertou da ilusão do "eu".

Somente os despossuídos são sábios, porque são os únicos a olhar o mundo com olhos limpos. Aqueles que agem sob os impulsos do "eu" observam tudo através do prisma de seus desejos e temores. Tudo o que é externo é visto através de sua órbita pessoal, é pesado na balança de seus interesses e envolto na roupagem de seus desejos possessivos. Fazem com que as coisas sejam como eles querem.

Capítulo IV

Só um homem vazio pode observar o mundo em sua essencial originalidade. Enquanto você não for pobre, vazio, puro, não verá as coisas como são, irá olhá-las com desejo de posse ou rejeição e, de todo modo, sempre deformadas.

Quando estiver purificado dos delírios do "eu" e de seus anseios de posse, aparecerá a Criação diante de você, prodigiosamente transparente. Mais que isso, o homem que se esvaziou de si mesmo, ao tomar consciência de que o "eu" é um delírio, uma ficção, uma mentira, terá derrubado a grande muralha que o separava dos demais e entrado na corrente universal, mergulhando na unidade com todos os seres.

E por essa experiência, os dois sujeitos (o outro e o eu) acabam se sentindo um parte do outro, a ponto de sentirem as coisas do outro como se fossem as suas. "Que sejam uno." Por isso, o pobre e despossuído respeita tudo, venera tudo, porque em seu coração não há movimentos possessivos nem agressivos. É tão sensível que chega a sentir como seus os problemas alheios. Não julga, não pressupõe, não pensa mal. Suas atitudes têm um ar de cortesia. É capaz de tratar os demais com a mesma benevolência com que trata a si mesmo e carregar nos ombros a dor da humanidade. Resumindo, tendo apagado a paixão do "eu", o despossuído passou a ter compaixão pelo mundo.

Para conseguir tanta maravilha, você deve se esvaziar de si mesmo, libertando-se da ilusão do "eu".

Para isso é preciso estar desperto, atento a si mesmo mediante uma constante introspecção, meditação e intuição. Você precisa perceber que o falso "eu" é a raiz de todas as suas desventuras e deve chegar à convicção de que essa imagem de si mesmo é uma ilusão e de que o "eu" não existe realmente. Essa convicção experimental será alcançada com a constante prática do exercício do vazio mental.

Não dê satisfações à ilusão do "eu": se falarem mal de você, não se defenda; se as coisas não derem certo, não se justifique. Não dê passagem à autocompaixão, não busque elogios, fuja dos aplausos... Assim, tirando-se o óleo, a lamparina acabará se apagando e você terá vencido a batalha pela liberdade.

Desprender-se

O homem encontra-se tanto em si mesmo como nos demais, com elementos que o agradam e com outros que o desagradam. Conforme sejam eles, o homem estabelece dois tipos de relação: de adesão ou de rejeição. Para as coisas agradáveis, nasce nele o desejo de posse, estendendo até elas uma ponte de energias atrativas, e assim se produz a posse ou apropriação pelas mãos de seus desejos.

Nesse nível, nasce uma das principais fontes do sofrimento humano e também uma das chaves da libertação. Trata-se de tomar posse e desprender-se. Pode-

Capítulo IV

mos tomar posse das rédeas de um cavalo ou do volante de um automóvel; em tais casos, tomamos posse com as mãos. Podemos também nos apossar de uma idéia, de um projeto, de uma pessoa ou de nós mesmos, e, nesse caso, estaremos tomando posse usando as energias mentais e afetivas.

Poderíamos utilizar também os verbos "apropriar", "agarrar" e outros. De fato, o homem pode estabelecer um vínculo afetivo de apropriação com pessoas ou coisas em diferentes situações, enlaçando-se hoje com o prestígio; amanhã, com a beleza; no dia seguinte, com o sucesso. Hoje deseja que o projeto tenha pleno êxito, que aquela pessoa aceite sua opinião, que fulano fracasse, que beltrano desapareça, que o Oriente perca, que o Ocidente ganhe, que seu time vença o campeonato, que os seqüestradores sejam condenados à prisão perpétua, que sicrano perca. Deseja também conquistar o afeto daquela pessoa, que hoje chova e amanhã faça sol, que seu irmão tenha sucesso e sua mãe se restabeleça...

Rejeita furiosamente ou aceita com veemência todos os acontecimentos transmitidos pelos meios de comunicação, de acordo com seus próprios interesses. Assim vive o proprietário, sujeito a tudo com laços ardentes, laços que se transformam em cadeias e, em conseqüência, sua vida se transforma em uma prisão.

Portanto, quando o homem não consegue obter o objeto desejado ou percebe que eventuais competidores e usurpadores podem disputar a presa, descem sobre ele as sombras do temor. E o temor é um detonador que desencadeia energias defensivo-ofensivas para a conquista ou para a defesa de algo. Por isso o temor é guerra.

E ocorre algo ainda pior: qualquer coisa, pessoa ou situação à qual o homem se agarra possessivamente é transformada em dona e senhora, ou seja, o proprietário fica prisioneiro e dominado pelo objeto desejado ou possuído.

Um homem agarrado a muitas situações e a pessoas ou coisas vive entre delírios, minimiza ou supervaloriza os acontecimentos e as coisas de acordo com seus desejos e temores. Não os vê como são, mas os reveste com seus pensamentos e os vê à luz de suas ficções. Esse homem é um alienado da realidade e, por isso, sua vida é uma existência fragmentária, ansiosa e infeliz.

Um outro está aferrado afetivamente a um partido político, a determinado campeão de tênis, a certo time de futebol. Quando perde, esse homem se sente dilacerado. Num dado momento, desejou apaixonadamente que sua pátria ganhasse a contenda, que seu negócio obtivesse sucesso total, mas, como não foi assim, tornou-se vazio.

Aquela pessoa tão agradável veio, mas já foi embora; divertiu-se tanto naquela festa... mas já terminou;

91

foi tão radiante a juventude, mas já está se afastando; sua bela figura, da qual ele mesmo foi o maior admirador, já está murchando. Enfim, já está nos últimos lances toda uma vida com tanta paixão e tantas satisfações.

Para o homem dominado pela posse, cada momento transforma-se em uma dolorosa despedida. Desprender-se é, portanto, uma das grandes chaves da libertação, desprender-se emocionalmente, abrir os braços opressores, que eram os desejos, mediante os quais a pessoa se amarrava às coisas, aos acontecimentos, aos indivíduos. O desprendido, de certo modo, retira-se, corta o laço com que vincula seu pensamento e afeto aos objetos, fatos ou pessoas percebidos pelos sentidos. Por esse caminho, adquire a liberdade diante do mundo exterior.

Como resultado dessa independência, o homem desprendido não se sente perturbado pela percepção das coisas que estão acontecendo, aconteceram ou podem acontecer. Assim, paulatinamente, o desprendido vai se instalando na região da serenidade.

Para que um navio mercante que está amarrado a um dique possa sulcar os mares, precisa soltar previamente as amarras; para que o homem possa navegar pelos mares da liberdade, necessita soltar os desejos apropriados.

Na vida é preciso lutar com paixão, é verdade, com paixão sim, mas também com paz, sem escravidão nem ansiedade, sem permitir que as coisas nos dominem ou nos escravizem.

Quando o homem solta as amarras apropriadoras, quando de verdade se desprende emocionalmente de tantas coisas que lhe ocorrem, é então que as faculdades mentais começam a funcionar agradavelmente, sem inquietação. Nesse caso, a atividade exterior desse homem não se altera, o que muda é o tom interior; o desprendido age com maior acerto em seus negócios, vê as coisas com maior objetividade, luta com a mesma paixão, mas sem se perturbar nem queimar energias. Os fatos e as coisas não o assustam nem dominam instintivamente. O homem, agora, é senhor, dono de si e de tudo que o cerca.

Desprender-se equivale, portanto, a tratar a si mesmo e ao mundo com uma atitude apreciativa e reverente. Não desperdice energias, avance para a segurança interior e para a ausência de temor, caminhe sem cessar da servidão para a liberdade. Liberdade significa dar curso a todos os impulsos criadores e benévolos latentes no íntimo do ser.

Tudo está bem

O homem desprendido começa a viver. Viver é submergir na grande corrente da vida, participar de algum modo do curso do mundo, olhar tudo com veneração, tratar com ternura todas as criaturas e sentir gratidão e reverência por tudo o que existe.

E, então, quando o coração do homem estiver desprendido de suas correntes apropriadoras, tiver renunciado à cobiça da posse e, enfim, estiver purificado de tudo que envenena as fontes da alegria, teremos retornado à primeira aurora, na qual tudo era bom.

No inverno, o vale se cobre de neve; na primavera, de flores, e no outono, de frutos. Tudo está bem.

Na época dos degelos, o rio transborda, inunda os vales e arrasta consigo moradias, animais e pessoas para o seio da morte. É a sua lei.

O gavião alimenta-se caçando passarinhos indefesos, a brisa é fresca, os ventos setentrionais são frios, o bochorno é quente. Tudo está bem.

As vacas alimentam-se pastando na pradaria, e os lobos, devorando cordeiros. As aves voam e as serpentes rastejam. Os seres viventes nascem, crescem e morrem. Na primavera, chegam as andorinhas e, no outono, elas partem. Tudo está bem.

Viver é respeitar as leis do mundo, não se irritar com elas, entrar no seu curso com alegria e ternura, deixar que as coisas sejam o que são, deixá-las passar ao seu lado sem desviar delas. Eis aí o segredo da paz.

Capítulo V
Exercícios de relaxamento

Capítulo V

Esclarecimentos prévios

a) No início, é conveniente fazer os exercícios com a maior exatidão possível. Mais tarde, a prática proporcionará sabedoria ao praticante para que os realize com flexibilidade, podendo fazer pequenas adaptações neles e introduzir leves variações com relação à intensidade, ao tempo etc.

b) O ideal é que cada pessoa, depois de experimentar grande parte dos exercícios em várias oportunidades, selecione os que produzem melhores resultados, até conseguir elaborar uma síntese própria, um método pessoal que a ajude a viver com serenidade.

c) É preciso ter em mente as normas da paciência, a saber:

- A organização de um programa de atividade e a reserva de espaços livres para praticar diariamente os exercícios são fundamentais.

- A prática de um único exercício em diferentes momentos pode produzir diferentes efeitos.

- O avanço é lento e sinuoso, nunca uniforme, de tal modo que um único exercício pode reduzir a tensão hoje e amanhã, talvez, não.

- É possível que no início os exercícios pareçam ser artificiais, mas, à medida que vão sendo praticados, adquirem-se desenvoltura e naturalidade.

d) No início de cada exercício, é condição indispensável colocar-se no chão, relaxado e tranqüilo.

e) Diante da dificuldade de relaxar, é necessário fazer o seguinte: tensionar todos os músculos ao máximo, soltando-os em seguida de uma só vez.

f) Os exercícios, quando feitos individualmente, devem ser realizados com a lentidão devidamente indicada.

I. Exercícios de relaxamento

1. Soltar os freios

Freqüentemente, sem perceber, você se encontrará com a testa franzida, os ombros arcados, o estômago apertado, os braços rígidos, enfim, com todo o corpo tenso. Como um automóvel, com o freio de mão puxado, assim é você. Desperte!

Conscientize-se de que está andando com o freio puxado. Solte agora mesmo todos os freios, solte-se de uma só vez, de cima para baixo, todo, inteiro.

Esse ato tão simples quanto benéfico pode ser feito a qualquer momento, em qualquer lugar: ao parar diante de um semáforo, dentro do metrô, durante um evento esportivo, muitas vezes durante as horas de trabalho, em uma entrevista importante, na cama quando não consegue dormir etc. É tão fácil.

Capítulo V

2. Estátua inerte

Deite-se em uma cama ou no chão, de costas. Sinta-se confortável, os braços largados ao longo do corpo, as mãos bem soltas. Solte-se completamente, acalme-se ao máximo.

Agora, assuma o controle de todo o seu ser, parte por parte: deixe cair as pálpebras, solte o maxilar, reduza ao mínimo a atividade mental, respire calmamente.

Percorra o corpo inteiro, devagar, com toda sua atenção. Se perceber nele alguma parte tensa, detenha aí sua atenção e, com toda a calma, envie uma ordem para que a tensão se dissipe.

Em seguida, imagine-se uma estátua inerte, sinta-se pesado como o mármore, vazio de emoções e pensamentos como uma pedra. Sinta os braços extremamente pesados, também as pernas e, por fim, todo o corpo. Esvazie-se por completo de toda a atividade mental e, sozinho, com a percepção pura de si mesmo, sinta-se como uma estátua de pedra que não pensa, nem imagina, nem se emociona. Permaneça assim um longo tempo, depois retorne ao seu estado normal lentamente, com movimentos suaves.

3. Relaxamento geral do corpo

Sente-se confortavelmente em um sofá, ou em uma cadeira, com o corpo e a cabeça eretos, os braços e as mãos soltas sobre os joelhos. Solte de uma só vez todo

Exercícios de relaxamento

o corpo. Respire calmamente e inunde seu íntimo de silêncio e tranqüilidade. Você deve se sentir dono de si mesmo, colocando-se em atitude sensível e receptiva em seu interior.

Mantenha a mente vazia o máximo que puder, esvazie-a de todas as imagens ou de todos os pensamentos, durante o exercício.

De volta à posição anterior, fixe-se calmamente e concentre-se em seu braço direito. Sinta-o suscetível e quente. Com diferentes movimentos, tensione energicamente os dedos da mão até fechá-la e solte-os em seguida. Ao movimentar os dedos, perceba no braço o movimento dos cabos condutores da corrente nervosa. Estique completamente o braço várias vezes e solte-o em seguida. Finalmente, relaxe o braço, sinta-o pesado, relaxado, descansado. Passe depois para o braço esquerdo e repita o exercício.

Na seqüência, sinta a perna direita, apossua-se dela. Contraia os dedos do pé e solte-os, repita isso várias vezes. Gire o pé em torno do tornozelo em todas as direções. Estique a perna com força, várias vezes. Deixe o pé apoiado no chão. Faça o mesmo com a perna esquerda. No final, sinta, de uma só vez, como as quatro extremidades estão relaxadas, pesadas.

Fixe-se nos ombros. Calma, porém energicamente, estique-os em todas as direções, ao mesmo tempo, quando um sobe o outro desce. Encolha-os fortemente

Capítulo V

para cima e deixe-os cair completamente. Pense em sua testa, franza-a, estique a pele várias vezes e solte-a até que a testa fique lisa, relaxada. Deixe cair as pálpebras, sinta-as pesadas.

Feche calmamente os olhos, concentre-se neles, solte-os, relaxe-os uma vez, e outra, e cada vez mais, sinta-os pesados como se estivesse dormindo profundamente.

Concentre-se na nuca. Incline a cabeça até tocar o queixo no peito o máximo que puder, sentindo como se soltam os músculos e os nervos da nuca. Depois, incline a cabeça para trás, tanto quanto conseguir. Repita várias vezes essa flexão. Incline a cabeça na direção do ombro direito o máximo que puder, gire-a suavemente por trás, da direita à esquerda e da esquerda à direita, quanto mais perto do ombro melhor. Só a cabeça se movimenta, os ombros não, alternando os movimentos laterais da cabeça com os verticais. Sinta como se soltam todos os músculos. Para terminar, permaneça quieto, observando que todo o contorno corporal é como um mar em calmaria.

4. Relaxamento mental

Escolha um lugar calmo. Sente-se em uma posição confortável: o tronco e a cabeça retos, as mãos sobre os joelhos, com as palmas para cima, os olhos fechados ou se entreabertos, relaxados, soltos, fixos em um ponto próximo a você. Solte os ombros, os braços, as pernas, enfim, todo o corpo, várias vezes. Solte-se por dentro: coração, estômago, intestinos..., até ficar tranqüilo.

Concentre-se em sua respiração, lembrando que a respiração consta de inspiração e expiração. Inspire pelo nariz, aspirando todo o ar que puder, mas sem ruído, suavemente. Depois, expire calma e lentamente, expulsando o ar até esvaziar completamente os pulmões.

Ao expirar, pronuncie com suavidade, oral ou mentalmente, a palavra "NADA", sentindo a sensação de nada, de que todo o seu ser se esvazia ao mesmo tempo e do mesmo modo que os pulmões. Torne a inspirar e a expirar, repita a palavra "nada" ao mesmo tempo que sente todo o seu ser relaxando.

Durante alguns minutos, aplique esse "nada" ao cérebro, sentindo um grande vazio cerebral. Não pense, não imagine nada, como se o seu cérebro estivesse em um sono profundo, como se fosse uma pedra pesada. Isso é o mais importante: permanecer o maior tempo possível com a sensação de mente vazia.

No início, sua mente não se esvaziará com tanta facilidade, não tente expulsar à força os pensamentos, não lhes dê importância, deixe-os, solte-os e volte a sentir o vazio durante a exalação.

Depois, ao dizer "nada", você pensará em seus braços como se nada fossem, depois nas pernas, depois no coração, depois na região gástrica..., sentindo-os

Capítulo V

insensíveis, pesados, relaxados, e notará um profundo descanso. Tudo isso durante uns quinze minutos.

Se, ao fazer esse exercício, se sentir tenso ou sonolento, deixe-o para outro dia. Você pode fazê-lo durante uns quinze minutos pela manhã, ao levantar, e à noite, ao deitar-se, e sempre que se sentir cansado ou nervoso.

5. A arte de sentir

Este exercício é igualmente válido para o relaxamento, para a concentração e também para superar a dispersão, o nervosismo, a fadiga ou a angústia. No dia em que você se encontrar com algum desses problemas, deixe de pensar, deixe de inquietar-se e dedique-se ao esporte de sentir, de perceber, de não pensar.

• **Visão**: coloque-se diante de uma planta em sua casa, concentre-se nela com calma e paz. Certamente ela o remeterá a lembranças, pensamentos. Nada de pensar. Olhe-a, acaricie-a com o olhar, sinta-se acariciado pelo seu verdor. Mantenha-se aberto à planta, entregue-se à agradável sensação de sua cor. E tudo isso sem nenhuma ansiedade, com toda a naturalidade.

Coloque-se diante de uma paisagem em idêntica atitude. Receba tudo em seu íntimo com agrado e gratidão: o silêncio de uma noite estrelada, o céu azul, a diversidade das nuvens, o frescor matinal, o murmulho da brisa, a ondulação das colinas, a perspectiva dos horizontes, a flor, a planta... Receba tudo em seu interior:

não em confuso tropel, e, sim, individualmente, com a atenção tranqüila, passiva, sem pressa alguma, sem esforço, sem pensar em nada, agradecido e feliz.

Coloque-se diante do mar, esvazie-se de todas as lembranças, imagens ou pensamentos e, em seus horizontes internos, quase infinitos, receba o imenso mar. Encha-se com sua imensidão, sinta-se profundo como o mar, azul como o mar. Admirado e descansado, vazio e pleno como o mar.

• **Audição**: agora feche os olhos, capte todos os ruídos do mundo sem esforço, sem reflexão. Os ruídos longínquos, os próximos, os suaves, os fortes, o trinado dos pássaros, os gritos das crianças, o latido dos cães, o canto dos galos e o tiquetaque do relógio. Sinta-os todos com a alma aberta, calmamente, sem pensar no seu significado, sem permitir que nenhum deles se fixe em você. Se os ruídos forem estridentes ou desagradáveis, não se coloque na defensiva, receba-os carinhosamente, ame-os, deixe-os entrar e acolha-os com um espírito agradecido. Verá que são seus amigos.

• **Tato**: desligue-se da visão e da audição como se estivesse cego e surdo. Apalpe suavemente, durante alguns minutos, suas roupas ou outros objetos. Perceba que são suaves, ásperos, frios, mornos... Não pense de qual objeto se trata, simplesmente dedique-se a perceber a sensação. Faça isso concentrado, com agrado, sereno, vazio, receptivo, sem pensar, só sentindo.

Capítulo V

- **Olfato**: desconecte os demais sentidos e dedique-se a perceber os diferentes aromas das plantas e de cada um dos objetos demoradamente. Tudo isso precisa ser feito sem esforço, sem contração dos músculos.

II. Exercícios de concentração

"Minha cabeça está fervendo", reclamam os nervosos. Muitas pessoas são incapazes de fixar o pensamento em uma única coisa, seja uma idéia, seja uma flor, seja uma melodia. Uma torrente de confusas lembranças, imagens e sentimentos atravessa sua mente na mais completa desordem. O resultado: um enorme cansaço. A essência da concentração consiste em fazer o que estamos fazendo: prestar atenção unicamente naquilo que nos ocupa.

1. Um passeio por meus domínios

Você pode fazer este exercício com os olhos fechados ou entreabertos. Como sempre, a regra de ouro é suprimir em todos os momentos a atividade mental e dedicar-se, simplesmente, a perceber.

Concentre-se em seus pés sem olhar para eles, observe-os imaginariamente durante um minuto como se os estivesse filmando (a forma, a cor...). Em seguida, passe a atenção para as mãos, sem olhar para elas, observe-as sensorial e demoradamente durante um minuto, em todos os seus detalhes.

Depois, concentre-se em dedo por dedo, imaginando-os sensivelmente, um a um, entre cinco e dez segundos de cada vez. Na seqüência, durante um minuto, fixe a atenção no nariz e perceba como o ar que sai dos pulmões é mais quente que o que entra. Afaste daí sua atenção e dirija-a agora aos pulmões.

Quieto, tranqüilo e concentrado, sinta, durante três minutos, o movimento pulmonar. Não pense, não force, nem imagine, simplesmente o sinta, siga-o como se você fosse um observador de si mesmo, como quem observa a corrente de um regato.

Coloque agora a atenção no seu organismo como um todo. Com muita calma, máxima quietude e concentração, fique alerta para ver em qual parte de seu corpo você sente as batidas cardíacas, as pulsações. No local, onde as sente, detenha-se absorto, escutando-as. Apenas sinta, não pense em nada durante dois minutos.

2. Para eliminar a dor

Por meio desses exercícios, podemos eliminar todas as dores nevrálgicas e atenuar as orgânicas. Sentado e sereno, depois de relaxar, penetre em seu íntimo e detecte um ponto onde sinta algum incômodo. Concentre-se nesse ponto com a máxima tranqüilidade. Com muito carinho, transmita a essa área uma ordem: "calma", "descanse" ou "durma".

Capítulo V

É conveniente que seja uma única palavra. Absorto, repita mentalmente a palavra escolhida e dirigida a esse ponto durante uns quinze minutos, com muita ternura, como a mãe faz com o filho pequeno, com muita concentração, bem relaxado. É provável que a dor se dissipe totalmente.

3. Estar presente

A essência deste exercício consiste em que não só a minha vontade gera o movimento, mas a consciência o acompanha. Devagar, calmamente, concentrado, faça os seguintes movimentos, acompanhando cada um deles com sua atenção: dobre um dedo, depois outro, em seguida outro, movimente o braço, flexione o antebraço. Levante-se, pegue um objeto, leve-o para outro lugar, torne a sentar-se seguindo cada movimento com sua consciência sensorial.

Ao fechar uma porta, abrir uma torneira, pegar uma colher, beber um copo de água, levantar alguma coisa do chão..., você deve ter a consciência explícita de sua presença em cada ato, de que são ações suas.

Caminhe lentamente alguns passos tomando consciência sensorial de todos os detalhes: o chão, o movimento dos braços, o ritmo dos pés...

Durante alguns minutos, dedique-se a deter sua consciência em cada coisa que seus olhos vêem: uma andorinha, uma rosa, um canteiro, um automóvel, uma cortina, um lápis, um papel... Detenha-se em cada objeto e chame-o pelo nome. Faça o mesmo com o ouvido. Identifique mentalmente o nome de cada ruído que ouvir. Você tem diante dos olhos um objeto, olhe-o bem e grave seus detalhes.

Com os olhos fechados, imagine que você está em uma estrada reta e solitária. Ao longe aparece um automóvel, se aproxima, passa por você, perde-se na distância e desaparece. Pegue entre as mãos um livro, um cinzeiro. Deixe-o depois em seu lugar e, em seguida, imagine que ainda está com o objeto nas mãos, sentindo seu peso, formato e temperatura.

III. Exercícios de respiração

A respiração não deve ser forçada, mas lenta. As pessoas que forçam a respiração elevam os ombros e o tórax. É assim que os nervosos respiram. O certo é fazer o inverso. Primeiro relaxe completamente e expulse todo o ar.

Depois, sem forçar nada, os pulmões por si só se encherão de ar. Convém inspirar pelo nariz, para que o ar chegue filtrado e aquecido aos pulmões. A expiração, em compensação, pode ser pela boca entreaberta.

Respiração abdominal

É a respiração mais relaxante, traz sossego e tranqüilidade. Resumindo, trata-se do seguinte: enchem-se,

Capítulo V

simultaneamente, o abdome e os pulmões, e se esvaziam também ao mesmo tempo. Deve ser uma respiração lenta, suave, silenciosa, extremamente tranqüila e nunca forçada.

Sentado em um sofá, ou em uma cadeira, depois de expulsar todo o ar dos pulmões com uma forte expiração, com a boca aberta, comece a fase da inspiração dilatando o abdome e, em seguida, quase simultaneamente, a parte inferior do peito e, depois, a parte superior como em um "crescendo", seguindo com atenção todo esse movimento. Não há necessidade de erguer os ombros, gesto que denotaria alguma tensão, a coluna vertebral se endireita por si mesma e a cabeça também.

E, agora, comece a fase de expiração. Contraia primeiro o abdome, depois os pulmões até a parte mais elevada do tórax. Expulse completamente o ar viciado, contraindo, com lentidão e de modo contínuo, os músculos do baixo-ventre, que por sua vez empurram o diafragma que se eleva, ajudando a esvaziar completamente os pulmões.

Segure essa contração por dois segundos, depois deixe os músculos do abdome relaxarem suavemente, voltando a seu estado normal.

Novamente, comece a aspirar ou inspirar. O exercício inteiro terá a duração de cinco minutos, no total. É essencial seguir com atenção o movimento do ar, sentindo-o e dirigindo-o. É, portanto, uma respiração sentida, consciente e concentrada. Por isso mesmo, podemos

108

afirmar que se trata de um excelente exercício de concentração.

No início é difícil evitar que se produza um certo estado de tensão ou obsessão, mas, após um treinamento assíduo, logo começamos a experimentar calma e apaziguamento. Pode ser praticado sentado, deitado ou em pé. Lembre-se de que a expiração é bem mais lenta que a inspiração.

Nota importante: os exercícios têm de ser intercalados de pausas muito longas, longas ou breves.

Técnicas de esquecimento

É impressionante como as pessoas sofrem com as obsessões e as fixações (complexos de culpa, lembranças tristes, temores infundados, apreensões, pensamentos sombrios, medo do desconhecido, fixação por fatos negativos e por pessoas hostis). Tudo fica gravado na mente, não conseguem eliminar nada. Quantas pessoas agonizam de tristeza e angústia por causa dessas coisas!

Aqui oferecemos alguns exercícios que, praticados assiduamente, facilitarão que se libertem desses espectros:

a) Pense em um grande desgosto de sua vida. Feche os olhos e imagine que está atravessando um campo de relva verde. A certa altura, tire de dentro de você o desgosto e enterre-o sob um metro de terra. E aí ficará o desgosto, para sempre.

Capítulo V

b) Pense em outro desgosto que o obceca negativamente. Feche os olhos e imagine-se à beira do mar em que um anjo, com um barco, está à sua espera. Extraia de suas entranhas o desgosto e deposite-o no barco. O anjo parte com essa carga mar adentro enquanto você fica na margem, contemplando como o anjo se afasta até alto-mar, onde ele amarra seu desgosto a uma pedra e o lança ao fundo do oceano. Seu desgosto fica sepultado nas profundezas para sempre.

c) Pense em outra lembrança desagradável. Faça uma grande fogueira no quintal e jogue essa lembrança no fogo como um negro carvão. Em poucos minutos, o fogo transformou a lembrança em fumaça escura que sobe ao céu até evaporar nas alturas. Pouco depois, a fumaça se dissipou completamente, o céu está azul.

d) Concentrado e com os olhos fechados, imagine que de sua garganta desce o número 1 até o estômago, em cuja extremidade direita fica pregado. Depois, desce o número 2 e fica pregado ao número 1, em seguida o 3, o 4 e o 5. Você fica no meio. Na seqüência, desce o número 6, que fica pregado à esquerda. Depois os demais números até, e inclusive, o 10, que ficam pregados na extremidade esquerda de seu estômago. Agora, calmamente, você vai tirando um a um os cinco números ímpares, começando pela esquerda. Depois, os números pares. No final, também você desaparece.

Exercícios de relaxamento

e) Coloque-se diante de quatro ou cinco objetos, e, em voz alta, dê um nome a cada um deles. Feche os olhos e, começando pelo último objeto, retire-os mentalmente, um a um, jogando-os às suas costas. Na sua frente não resta nada. Mentalmente, coloque-os de novo à sua frente e, mais uma vez, faça-os desaparecer.

f) Imagine três amigos seus em uma tela. Retire um deles primeiro, em seguida o outro e, finalmente, o terceiro. Volte a colocá-los na tela e a retirá-los. Essa operação pode ser repetida várias vezes.

g) Pendure uma história dolorosa na traseira do vagão de um trem. O trem começa a se movimentar. À medida que se afasta, sua história dolorosa fica cada vez menor. Pouco tempo depois, diminuta, quase imperceptível, até não se ver mais nada dela. Dá para ver o trem ainda, mas, por fim, ele também desaparece.

Aqui termino, irmão meu. Você começou a se libertar. Se avançar com paciência por esses caminhos, se praticar com assiduidade alguns desses exercícios, muitas de suas angústias desaparecerão, as obsessões o vento levará, as ansiedades fugirão em debandada, voltarão aos seus beirais a calma e a serenidade. Com isso, você receberá a visita da almejada tranqüilidade da mente, irá se sentir cada vez mais dono do seu mundo e haverá um céu azul e noites estreladas em todos os dias de sua vida. Esse é meu anseio, de todo o coração.

Capítulo VI
Assumir e redimir

Capítulo VI

Alegria e dor

Tanto sofremos quanto nos alegramos. Jesus foi o homem das dores, porque, anteriormente, havia sido um poço de alegria. Ele pôde libertar-nos da dor, pois a conhecia por experiência própria.

O Evangelho é um hino de alegria, uma feliz notícia. Se as fontes brotam de subsolos profundos e puros, a água que emana delas é pura e fresca. O Evangelho é um hino à alegria porque sua mensagem surge da remota região interior de Jesus, habitada pela paternidade acolhedora de Deus.

Nesse lago íntimo nasceram suas palavras e atos, revestidos de confiança e serenidade. Temos a impressão de que Deus seria um imenso colo materno que envolveria calorosamente toda a humanidade. E sentimos o próprio Jesus cercado de chamas, frescas chamas de alegria.

Naquele dia Jesus subiu à montanha e, vendo a multidão, soltou ao vento o novo código da felicidade. Disse-lhes que os que nada têm terão tudo; os que com lágrimas se deitam serão visitados pelo consolo; para os que passam fome haverá banquete e fartura; os que pedra por pedra erguerem o edifício da paz serão coroados com o título de filhos de Deus, e por fim, as lágrimas se transformarão em estrelas e os lamentos, em danças.

Disse-lhes que os discípulos deviam ser, em meio ao mundo, uma montanha de luz e o sal para condimentar o banquete da vida; que o Reino é como uma pedra preciosa, como um vinho novo, como um tecido que acabou de sair do tear; que o pai veste todas as manhãs as margaridas e alimenta os pardais; que, para o Pai, perdoar é uma festa, e que os últimos serão os primeiros.

Essa é a temperatura interior de Jesus, de onde brotou aquela mensagem que encheu o mundo de alegria. Disse que ninguém devia ter medo; que qualquer assassino pode acabar com um corpo, mas que nem com a ponta de uma lança poderá roçar a alma humana, porque ela está assegurada nas mãos do Pai. É possível que a infâmia caia sobre os filhos como um punhado de barro, mas, por que o espanto? A mesma sorte tiveram os profetas.

Certa vez, um homem, ao escalar uma montanha, deu de frente com uma mina de ouro. Pulando de alegria, voltou para sua casa, vendeu seus bens e comprou aquelas terras. A mesma coisa aconteceu com um mercador, muito entendido em pedras preciosas que, ao passar por um mercado, viu uma pérola de grande valor. Emocionado, voltou para casa, vendeu suas propriedades e comprou aquele tesouro. Assim é o Reino.

O grão de mostarda é uma semente minúscula, quase invisível. Ao ser semeada, levanta a cabeça e se eleva pelos ares, até transformar-se em um arbusto tão alto e forte que as aves do céu podem construir seus ninhos em seus galhos, folgadamente.

Capítulo VI

Saiu o semeador e jogou um punhado de trigo na terra lavrada. Brotou o trigal, escalou as alturas e, com a chegada do verão, aquilo era um mar de espigas douradas. Assim é a Palavra.

Hoje você está feliz porque com a força de seu espírito dominou as serpentes e os demônios. Mas isso não é nada. Existe outro motivo de alegria muito maior: o seu nome está escrito com letras de ouro no coração do meu Pai. Felicidades e congratulações.

O amor do Pai estende-se sobre a terra como uma imensa onda e, com suas asas protetoras, envolve e abraça todas as criaturas. Essa é a razão definitiva da alegria dos filhos dos homens.

E Jesus desfiou um leque multicolorido de parábolas, apólogos e comparações para mostrar que o Pai nos ama gratuitamente. Uma mensagem tão otimista só pode ter brotado de um coração jubiloso e, por isso, estamos afirmando a todo o instante que o Evangelho é um hino à alegria.

Os Evangelhos, entretanto, também nos apresentam Jesus como um homem oprimido pelo sofrimento. Efetivamente, existem nos Evangelhos vislumbres que nos fazem suspeitar que Jesus estava familiarizado com o sofrimento e que possuía aquele conhecimento sobre a dor que só esta pode dar. Daí sua capacidade de compaixão, porque só quem sofreu muito pode compadecer-se tanto.

Naquele dia, enquanto Jesus falava a alguns helenos, sobreveio-lhe, não se sabe de que regiões, uma profunda perturbação. Disse: "Ah, me sinto agitado, o que vou dizer? Pai, livre-me desta hora. Mas, se foi para isso que eu vim, Pai, glorifique seu nome". Vislumbramos nesse parêntese um drama, algo assim como um desdobramento de personalidade, uma espécie de contradição latente entre o querer e o sentir.

Naquele dia, estando Jesus na sinagoga, chegou um homem que tinha um braço imóvel. Os saduceus e herodianos estavam à espreita vendo se o curava em dia de sábado para poder acusá-lo. Jesus disse ao paralítico: "Levante-se". E logo lançou esta pergunta a seus adversários: "É lícito curar em dia de sábado?". Eles ficaram em silêncio. Então, diz o texto evangélico, olhando-os com ira e com pesar pela dureza de seu coração, disse: "Estenda o braço". O paralítico o estendeu e ficou curado. Assim que saíram, os fariseus confabularam com os herodianos para tramar uma forma de eliminá-lo.

Há outra cena na qual vemos Jesus se afastando, decepcionado com sua terra. Apresentou-se na sinagoga de Nazaré e falou a seus conterrâneos. Estes se escandalizaram por sua causa, e Jesus entristecido replicou: "Um profeta só em sua casa e em sua terra carece

117

Capítulo VI

de prestígio". Sua decepção foi tal que não pôde realizar lá nenhum milagre.

E seu desconcerto foi total já que o Evangelho diz que Jesus se espantou com a falta de fé de seu povo. Percebemos nesse espanto um conteúdo tenso e denso de decepção, e até alguns detalhes de desesperança. Mas nem tudo acabou aqui. Lucas nos diz que, em dado momento, Jesus reagiu replicando e relembrando que, na época de Elias, foram deixados de lado os filhos de Israel e a salvação foi entregue aos filhos de Síria e Sidão. Ouvindo isso, os nazarenos encheram-se de ira e, levantando-se, o puseram para fora da cidade. Levaram-no ao topo de uma montanha escarpada para jogá-lo aí de cima. Desnecessário comentar.

É um texto muito cruel. Parece o prelúdio da paixão. A dor mais aguda é sentir-se portador de uma mensagem de amor e, ao entregá-la e por entregá-la, receber a incompreensão, a rejeição, a condenação e a execução.

Em outra ocasião, Jesus teve uma reação inesperadamente enérgica. Deu um profundo suspiro e exclamou: "Como é que esse tipo de gente busca um sinal? Garanto a vocês que a esse tipo de gente não será dado nenhum sinal". Deixou-os, entrou no barco novamente e foi para a outra margem. Esperanças destruídas? Ilusões dilaceradas? São reações que nos permitem vislumbrar uma desconhecida e secreta familiaridade de Jesus com o sofrimento.

Os Evangelhos dão constância de que Jesus, em suas últimas semanas, esteve cercado de indiferença, covardia, ódio e traição. O inesperado, o que parece incompreensível e o que custamos a acreditar é o seguinte: como é possível que um homem jubiloso como Jesus, com uma mensagem tão vital e alegre, pudesse encontrar-se com uma rejeição tão ferrenha, com um conflito tão incrível?

Jesus tinha todos os motivos para se retirar da vida, decepcionado com a raça humana. Mas não o fez. Nas horas da Paixão, nunca o vemos fechado em si mesmo, ruminando seu fracasso, entregue à autocompaixão.

Ao contrário, o vemos em todos os momentos esquecido de si, entregue ao próximo: teve uma palavra de delicadeza com o traidor, lançou a Pedro um olhar de salvação, dirigiu palavras de consolo às piedosas mulheres, fez uma promessa ao bom ladrão, entregou sua mãe aos cuidados de João. A todo instante o vemos esquecido de si mesmo e preocupado com os outros.

Na Paixão e Morte, convergiram as circunstâncias que tornam essa passagem muito dolorosa.

Em primeiro lugar, a perda significativa de sangue produziu nele essa sensação desesperadora, que se

Capítulo VI

chama desidratação, e também febre alta, sede generalizada, o suplício da falta de ar e uma parcial confusão mental.

Em segundo lugar, Jesus morria em plena juventude e a morte lhe ceifava os laços mais gentis da vida: não poder mais desfrutar o sol, a primavera, a gratidão dos humildes, a convivência com os discípulos e amigos... Tudo fica cerceado, e isso, para um homem vital como Jesus, era particularmente doloroso.

Em seguida, olhando para trás e avaliando seu tempo de missionário, a impressão que saltava aos olhos era a de um fracasso total, tanto na Galiléia, menos nos primeiros tempos, quanto, sobretudo, em Jerusalém. As multidões inconstantes, como sempre, desertaram. A classe dirigente e intelectual, salvo raras exceções, classificou-o de transgressor da lei, blasfemo e perigoso para a segurança nacional e o desautorizou a continuar vivendo.

Um dos discípulos o traiu, outro o negou, e todos, abandonando-o, fugiram. Ironicamente, sua morte fez com que se reconciliassem e se congregassem aqueles que nunca se sentavam à mesma mesa: Israel e Roma, o governo e o povo, Pilatos e Herodes. E todos convieram que esse homem não merecia viver.

Além disso, Jesus bebeu outro gole, provavelmente o mais amargo: o sorriso de desprezo, o sarcasmo dos vencedores.

No final, houve um detalhe cruel: Herodes matou João Batista, o que permitiu considerar sua morte como um martírio. Jesus foi morto pelos representantes de Deus. João morre por causa de uma aposta absurda e banal. Jesus, em contrapartida, é julgado como blasfemo, condenado como tal e executado.

Olhando as circunstâncias históricas em si mesmas, não há como encontrar um resquício pelo qual se possa dar a Jesus uma auréola de mártir ou herói. Simplesmente foi executado com ignomínia.

Essas circunstâncias nos dão o direito de concluir que Paixão e Morte tiveram o caráter de um desmoronamento integral de uma pessoa e de seu projeto e fizeram-na merecedora do título de *homem das dores*.

Sofrer com Jesus

A carta aos Hebreus, depois de nos contar que Jesus viveu cercado de fraqueza, acrescenta que Cristo, sofrendo, aprendeu a obedecer. Chama atenção o termo "obedecer".

E ainda hoje podemos comprovar que existem militantes ateus que sofrem tortura, até mesmo a morte, e se mantêm imutáveis.

Mas a palavra "obedecer" indica que Jesus assumia a dor de uma maneira ativa e pessoal, como uma oferenda consciente e voluntária e, assim, deu a seu sofrimento uma finalidade e um significado.

Sofrer voluntariamente não significa que Cristo se pusesse a procurar de maneira expressa o sofrimento.

Capítulo VI

Quando a dor se fez presente em sua vida, não a considerou uma cega fatalidade ou falta de sorte, mas uma permissão da vontade do Pai. Assumiu, em silêncio e com amor, a vontade que permitia aquele sofrimento. E, ao assumir essa vontade, aceitou, voluntariamente também, a dor permitida que neste caso chamamos de Cruz. Por ter sofrido, Jesus pode ajudar os que sofrem. Os atribulados e Jesus estão, pois, irmanados na dor. Por isso, Jesus tem voz e autoridade para convocar todos os oprimidos pelas tribulações, para oferecer-lhes uma taça de alívio e descanso. "Vinde a mim."

Depois de olhar aquele que foi traspassado, os apóstolos não conseguem compreender a dor humana, a não ser por intermédio da dor de Jesus.

Aquele que sofre na fé, sofre com Jesus e como Jesus. Mais que isso, é o próprio Jesus que sofre e morre mais uma vez no atribulado.

Por isso, Pedro convida os cristãos a se alegrarem, pois estão participando do sofrimento do Senhor. E Paulo entrega aos coríntios estas poderosas palavras: "Por toda parte levamos em nosso corpo a morte de Jesus". E, na mesma carta, nos deixa este formidável texto: "Embora estejamos vivos, somos sempre entregues à morte por causa de Jesus".

Trata-se, precisamente, do seguinte: aquele que sofre, contanto que sofra na fé, está sofrendo com Cristo e como Cristo, e, além disso, está participando da dor e da morte do Senhor. Ou seja, é Jesus que está sofrendo e morrendo de novo, irmanado e transformado em uma mesma coisa com os agonizantes, inválidos e traídos.

Sobre sua ilibada conduta, caiu a calúnia como um punhado de alcatrão, deixando sua imagem desfigurada durante anos a fio. Mas o verdadeiro desfigurado era Jesus. Os raquíticos de sempre, os que precisam atacar e destruir, dispararam sem compaixão contra o companheiro, deixando-o gravemente ferido. Mas, na realidade, era o próprio Jesus humilhado pelos verdugos.

Quanta inveja! Não se cansaram de ofender a vizinha com suas farpas até verem-na destruída no chão.

Com suposições, completamente gratuitas, interpretaram mal os passos do outro e o cobriram com o manto da incompreensão.

Dando ouvidos a informações insidiosas de um despeitado, todos fecharam as portas da confiança ao colega de trabalho. Que caricatura tão injusta fizeram daquele irmão, identificando-o com um incidente de sua história! Quantas vespas na vizinhança, ou no trabalho, que não param de cravar seus ferrões! Ao vizinho falharam aqueles em quem mais confiava; seus próprios parentes nunca lhe brindaram com uma franca amizade.

Capítulo VI

É Jesus, sempre Jesus, desprestigiado por seus inimigos, traído por seus confidentes e esquecido por seus amigos. Jesus sofre e morre de novo.

Viveram longos anos de felicidade em um casamento feliz, mas apareceu uma amante. O marido, para se justificar, inventou um conflito, e a esposa foi abandonada para sempre. É Jesus abandonado por todos (confidentes, amigos e discípulos).

Aqueles que são abatidos por uma crise de depressão e melancolia participam da agonia do Getsêmani.

Como um castelo de ilusões, forjaram um projeto dourado do qual dependia o porvir da família. O castelo veio abaixo, obrigando-os a morder a fruta amarga do fracasso.

A doença, com suas mil faces: uma pessoa que se levanta todas as manhãs pesada qual saco de areia; outra que não consegue conciliar o sono até altas horas da madrugada; como um roedor mortal, o carcinoma vai desmanchando seus ossos, enquanto os amigos se afastam dela porque sabem que está morrendo e, efetivamente, morre de tripla agonia: dor, solidão e tristeza. Uma enxaqueca cruel a deixa prostrada e incapaz dias inteiros; ah, as crises de depressão, mistério de dor e desventura. Foram feitos todos os exames clínicos e não revelaram nada, no entanto, uma escura dor foi fazendo seu ninho, rebelde, em suas entranhas, enquanto o medo e a incerteza toldam sua alma. É a doença com suas mil cabeças!

É Jesus aquele que está prostrado na cama, aquele que sofre de novo nos paralíticos, deprimidos, artríticos... e que de novo morre nos agonizantes que se apagam na solidão dos hospitais.

Mas existe um perigo, o perigo de que essas considerações venham a ser meras palavras, nada além disso.

Se verdadeiramente quisermos que essas reflexões se concretizem em um consolo real e em fonte de paz, é imprescindível cumprir uma condição: viver tudo na fé, isto é, o cristão que sofre deve se unir conscientemente ao Cristo sofredor, deve acompanhar, carregando em paz sua própria cruz, o Cristo que sobe o Calvário, levando com amor sua cruz, deve não só agüentar a dor com resignação, mas também assumi-la amorosamente, de modo consciente e voluntário, sabendo que dessa maneira seu sofrimento, assim como o de Jesus, se torna fecundo e criador, fonte de vida e redenção.

Isso reiteramos com a condição de que se assumam as provações da vida no espírito de Jesus, ou seja, de uma maneira pessoal, ativa e consciente.

Redimir com Cristo

O cristão que sofre, associado à dor de Cristo e em união com Ele, não apenas encontra consolo na tribulação, mas também completa o que falta aos padecimentos do Senhor.

Capítulo VI

Em virtude disso, podemos falar do caráter criador da dor cristã, ou seja, aquele que sofre em silêncio e paz, como Jesus e por Jesus, não confere somente à dor um sentido, mas também uma utilidade dinâmica e fecunda.

A conclusão salta aos olhos: se Jesus redimiu o mundo aceitando silenciosamente a dor, todo o cristão que, com seu próprio sofrimento, se associe a essa dor, participa do caráter redentor de Jesus. Redime junto de Jesus.

O sofrimento de Cristo, aceito com amor, como expressão da vontade do Pai, gerou um bem supremo: a Redenção do mundo. E, embora seja verdade que esse bem é infinito e que nenhum homem pode acrescentar-lhe nada, Jesus Cristo quis deixar aberta sua própria dor redentora a qualquer sofrimento humano, com a condição de que seja assumida com amor.

Essa Redenção, ao mesmo tempo completa e sempre aberta, nos introduz no mistério essencial da Igreja, o Corpo de Cristo. É o marco e o espaço onde se completa o que falta aos padecimentos do Senhor, como diz Paulo.

Somos membros de uma sociedade especial na qual ganhamos em conjunto e perdemos em conjunto. Essa sociedade é como um corpo que tem muitos membros, os quais, em conjunto, formam uma unidade.

Cada membro tem uma função especial e todos os membros cooperam de modo complementar com o funcionamento geral do organismo. Ao machucar o pé, por acaso a cabeça diz "eu não sou pé" e o deixa sangrando?

Quando o ouvido inflama, por acaso o olho diz "não tenho nada a ver com você"? Não, cada membro ajuda os demais, pois todos juntos constituem o organismo. O que seria do braço se não estivesse unido ao corpo? De que valeriam os olhos sem o ouvido, ou os ouvidos sem os pés?

Mas há muito mais. Diz Paulo: "Se um membro tem um sofrimento, todos os demais membros sofrem com ele". Eis aí a questão. Machucando a unha do dedinho, é possível que a febre se apodere de todo o corpo. Todos os membros sofrem as conseqüências. Por que o joelho tem de sofrer as conseqüências do dedinho? Porque ganhamos em conjunto e perdemos em conjunto. Perdeu o dedinho, perderam todos os membros. Sarou o dedinho, sararam todos os membros.

Da mesma forma, no Corpo da Igreja, existe uma intercomunicação de lucros e perdas, de graça e pecado.

Dado esse mistério, você não pode perguntar: "Por que tenho de sofrer as conseqüências dos pecados de um drogado ou de um fraudador de outro país? O que tenho a ver com eles?". Tem muito a ver porque todos os batizados do mundo estão misteriosamente intercomunicados. Se você ganha, ganha toda a Igreja; se você perde, perde toda a Igreja.

Capítulo VI

Essa doutrina é uma continuação, ampliação e aperfeiçoamento daquela intuição do profeta Isaías sobre o servo de Javé, figura cativante e sofredora, sobre cujos ombros o Senhor colocou todos os nossos crimes. Foi ferido pelos delitos de seu povo, foi vítima de nossos excessos, e os desvios dos homens provocaram seu martírio.

Em suma, o servo está sofrendo pelos demais. Ele ocupou o lugar dos pecadores e assumiu o sofrimento que deveria ter recaído sobre eles; suas cicatrizes nos curaram. O servo desceu, silencioso, ao abismo da morte porque estava expiando os pecados alheios.

Sobre esse pano de fundo, a catequese primitiva interpretou o acontecimento do Calvário. Escondida entre as dobras mais recônditas do coração humano, palpita uma vocação de solidariedade, instintiva e congênita, para com a humanidade sofredora e pecadora. Isaías foi o primeiro a entrar nessa região, uma das mais misteriosas do coração humano, assinalando a função substitutiva e solidária do servo, mediante seu martírio.

Esse panorama oferece ao cristão que sofre centelhas de luz, pistas de orientação, horizontes abertos e, sobretudo, um caminho de luz para sua vida cotidiana. Em certo sentido, podemos dizer que a dor foi vencida ou que, pelo menos, perdeu seu mais temido aguilhão: a *falta de sentido*.

Estou certo de que hoje em dia vivem entre nós incontáveis servos de Javé que sofrem pelos demais e que colaboram com Cristo na Redenção do mundo.

Assim como a comunidade primitiva não encontrou outra explicação para o desastre do Calvário, tampouco nós encontramos outra lógica que explique a paixão e a morte de tantas pessoas nos dias de hoje, a não ser a figura misteriosa do servo de Javé que carrega sobre si os sofrimentos alheios e sofre pelos demais. Tenho visto, e estou vendo, inúmeras vezes, como se repete e se vive diariamente o mistério do servo sofredor que padece pelos demais.

Conheci famílias piedosas que viveram sempre de acordo com as exigências de uma fé sólida e agora, de repente, lhes sobreveio uma seqüência de infortúnios (acidentes de estrada, mortes prematuras, injustiças, falências). Não existe outra explicação: estão sofrendo pelos demais.

Conheci santas mães de família, que durante longos períodos levaram uma vida impecável e agora, de repente, foram visitadas pela incompreensão, pela calúnia, pela traição ou por uma cruel doença. Se Deus é justo, ou se existe a justiça imanente, isso é incompreensível, não há outra explicação a não ser esta: estão sofrendo pelos demais.

Capítulo VI

Tenho visto pequenas criaturas, sem culpa nem malícia, marcadas para sempre pela invalidez ou pela doença; trabalhadores que, por intrigas políticas, foram despedidos, ficando sem pão e com oito filhos em casa. Basta aproximar-se dos pavilhões de um hospital para ver quantos doentes se consomem lentamente, durante anos e anos, até se extinguirem por completo em uma cama; basta percorrer qualquer rua e ir de casa em casa para encontrar centenas e milhares de vítimas da mentira, da traição, das doenças incuráveis, dolorosas agonias...

Tendo ou não conhecimento, sofrem e morrem pelos demais, com Cristo e como Cristo, carregando sobre si as cruzes da humanidade.

Vocês me dirão que isso é incompreensível, que é absurdo, que não tem lógica. Naturalmente, se olharmos as coisas através de um prisma de normalidades, tudo isso atenta contra o senso comum e vai contra a eqüidade e a justiça.

Mas, depois do que aconteceu no Calvário, depois que Deus extraiu da morte a vida, e do fracasso total, a vitória definitiva, todas as normalidades vieram abaixo. As lógicas humanas foram levadas pelo vento, subiram e desceram as hierarquias de valores, afundaram para sempre as coordenadas do senso comum e, definitivamente, nossas medidas não são as medidas dele, nem os critérios dele, nossos critérios.

O Calvário é uma revolução de todos os valores. No final, tudo é questão de fé, sem ela não se entende nada. É melhor, portanto, fechar os olhos, ficar em silêncio e adorar.

Satisfação e júbilo

Acrescentarei uma experiência pessoal. Presenciei nos hospitais, repetidas vezes, o seguinte: quando eu explicava aos doentes incuráveis que estavam compartilhando as dores do Crucificado e que estavam acompanhando-o na Redenção do mundo, pude observar, enquanto eles olhavam fixamente o crucifixo, que seus rostos se revestiam de uma paz inexplicável e, por que não dizer, de uma alegria misteriosa. Certamente sentiam que valia a pena sofrer porque haviam encontrado um sentido e uma utilidade para o sofrimento.

Ou seja, sua dor tinha um caráter criador, como a dor da mãe que dá à luz. Não sei se a isso se poderia chamar alegria na dor. De qualquer modo, é a vitória e a satisfação de quem arrancou da dor seu mais terrível aguilhão: a falta de sentido, a inutilidade.

Um doente incapaz, ou qualquer outro atribulado pelas penas da vida, toma consciência de que: na fé e no amor participa ativamente na salvação de seus irmãos; está realmente completando o que falta aos padecimentos do Senhor; o seu sofrimento não é apenas útil aos demais, mas cumpre um papel insubstituível na econo-

Capítulo VI

mia da salvação; enriquece a Igreja tanto ou mais que os apóstolos e missionários; o seu sofrimento, assumido por amor, abre o caminho para a Graça, mais que qualquer outro serviço; os que sofrem com fé e amor fazem presente na história da humanidade a força da Redenção mais que qualquer outra coisa, enfim, impelem o Reino de Deus de dentro de si para a frente e para cima.

Como não sentir satisfação e júbilo?

Com o passar do tempo, seu nome desaparecerá dos arquivos da vida. Seus netos e bisnetos também serão sepultados no esquecimento e seus nomes serão levados pelo vento. De sua lembrança só restará o silêncio.

Mas se você tiver contribuído com a Redenção do mundo, associando-se à tarefa redentora de Jesus com sua própria dor, terá aberto sulcos indeléveis nas entranhas da transistória que nem os ventos nem as chuvas poderão apagar; terá realizado um trabalho que transcende o tempo e o espaço. Como não sentir satisfação e júbilo? Assim se compreende a explosão de Paulo ao dizer: "Agora me alegro de meus padecimentos". Deixo, pois, sobre sua cabeça sofredora esta bênção: "Bem-aventurados os que sofrem em paz a tribulação e a doença porque serão coroados com um diadema de ouro".

A dor, caminho de sabedoria

Aquele que não sofreu é como um gomo de bambu, não possui miolo, não sabe nada. Um grande sofri-

132

mento assemelha-se a uma tempestade que devasta e arrasa uma ampla região, mas, depois que passa o temporal, a paisagem mostra-se calma, serena.

Uma grande tribulação faz o homem crescer em maturidade mais que cinco anos de vivência. Ouvem-se freqüentemente comentários como este: "Como fulano está mudado!", "Quanto amadureceu!", "É que lhe coube sofrer muito".

Quando tudo caminha bem, quando não existem dificuldades nem espinhos, o homem tende a fechar-se em si mesmo para saborear seus êxitos. Suas conquistas e satisfações o prendem à terra, são como altas muralhas que o fecham em si mesmo sem perceber que essas muralhas o defendem, mas também o aprisionam. Preso em suas próprias redes, senhor de si, ofuscado pelo brilho de sua imagem. Quem o libertará de tanta escravidão? Só um terremoto. E a Deus não resta outro caminho de libertação a não ser enviar a esse homem uma grande tribulação para despertá-lo, desalojá-lo, derrubando seus muros defensivos e, assim, tirá-lo do Egito de si mesmo.

Quando a doença ou a tribulação se enroscam na cintura do homem, nesse momento, o atribulado consegue compreender que tudo na vida acaba sendo uma vã quimera. Como conseqüência, desnudam-se as ficções, os adornos artificiais perdem a cor e o homem desperta, não sem decepção, para a realidade verdadeira. Sem sofrimento não existe sabedoria, mas a tribulação pode

Capítulo VI

ser tão amarga que o homem não quer saber de nada disso, e vira o rosto para outro lado.

Em geral ocorre o seguinte: quando os baques advêm de surpresa sobre o homem, o envolvem numa poeira emocional e ele não vê mais nada. É muito difícil dispor de um olhar de fé, porque o homem não vê, num primeiro momento, nada além da fatalidade cósmica ou da maldade humana. Parece-lhe que tudo acontece ao acaso, inexoravelmente, e que, por trás dos acontecimentos, não existe nada nem ninguém.

Mas, depois de certo tempo, ao tomar uma razoável distância e perspectiva e lançar um olhar mais amplo, o olhar da fé, o homem começa a compreender que o que aconteceu foi um ensinamento divino e, no fundo, uma predileção libertadora.

Se você parar um instante, olhar para trás em sua vida e refletir um pouco, descobrirá que tantos acontecimentos dolorosos de seu passado, que no momento em que aconteceram pareciam desgraças, hoje, decorridos dez anos, você constata que lhe trouxeram muita bênção, desprendimento e liberdade interior. Com o passar dos anos se transformaram não em desgraças, mas em fatos providenciais em sua vida.

O que ocorre é que esse desprendimento ou comprovação sobrevém muito lentamente. Quando o cristão se depara subitamente com o sofrimento, sua primeira reação costuma ser a rebeldia, "por quê?". O protesto é lançado, no fundo, contra Deus, sem levar em conta que Aquele a quem se dirige a reclamação está no topo da dor, pregado na cruz. E a resposta ao porquê vem sempre do alto da cruz.

Como o cristão inicialmente está envolto no clamor e na poeira da rebeldia, não consegue perceber essa resposta. Porém, depois de algum tempo, ao dissipar-se aquela poeira emocional da atmosfera interior, começa a perceber claramente que não é uma consideração teórica sobre a dor, e, sim, uma ordem decisiva: "Venha, pegue sua cruz e siga-me". A salvação já está à porta.

Quando o cristão, nesse caminhar associado ao Cristo sofredor, cessa com sua rebeldia, pega sua cruz, se entrega e a adora, aí então o sentido de salvação da dor e o mistério redentor da cruz se apresentam. Nesse momento, a dor e a morte são vencidas porque perdem seu aguilhão mais temido, e o cristão é visitado pela paz e alegria.

Na história de Israel, os quatro séculos que se seguiram ao pequeno império de Davi foram os mais decadentes, repletos de apostasias e infidelidade. Deus viu que a única salvação possível para aquele povo era um desastre nacional. E assim aconteceu. Os sitiadores de Nabucodonosor reduziram a capital teocrática a escombros e ruínas, seus habitantes foram deportados para a

Capítulo VI

Babilônia e aí se produziu a grande conversão. De uma catástrofe nacional, Deus tirou todos os bens da história de Israel.

A imensa maioria das grandes transformações que conheci em minha vida partiu sempre de uma grande tribulação.

No mais, só quem sofreu pode comover-se diante da dor alheia, porque a experiência da dor deixa, em quem sofre, a sensibilidade e a compreensão para com os demais sofredores. Diante do sofrimento alheio, aquele que possui a experiência da dor sente um movimento ou estremecimento do coração, uma doação desinteressada do eu, uma inclinação de todo o ser para com quem sofre.

Na descida de Jerusalém para Jericó, jazia no chão um homem que fora assaltado e agredido por ladrões. Pessoas importantes passaram por ele, viram-no, mas seguiram viagem. Por acaso, passou também um samaritano, que, solícito, parou para socorrer e atender o ferido.

Interessante. Só se compadece quem padece, um samaritano, um desprezado, um sofredor. Diante da pergunta: "Quem é meu próximo?", Jesus responde que o amor não é uma teoria, mas um movimento do coração, e só se move o coração de quem já sofreu. Comove-se porque, de alguma maneira, ao presenciar a dor alheia, revive sua própria dor. Esse é um dos frutos positivos que o sofrimento deixa em quem sofre.

Como já dissemos, é da sensibilidade e da abertura, da compreensão e da inclinação para com os que sofrem que se origina a preciosa palavra "misericórdia", que indica estremecimento ou sensibilização do coração. É disso que se trata, antes de mover os braços, é preciso que haja um movimento do coração, uma doação desinteressada do eu, uma inclinação de todo o ser como no caso do samaritano. Aquele que está familiarizado com o sofrimento não poderá dar-se ao luxo de passar ao largo.

E por isso, naturalmente, dizemos que o sofrimento produz na humanidade um grande movimento de Páscoa, tira as pessoas de suas posições egocêntricas para com os outros atribulados, como em uma cruzada geral de solidariedade. Por essa razão, o Concílio Vaticano II dirá também que o cristão não pode encontrar sua plenitude a não ser na entrega de si mesmo aos demais.

Epílogo

O que são as oficinas?

"Oficinas de Oração e Vida" são um serviço eclesial iniciado por Frei Larrañaga em 1984. Quinze sessões compõem a oficina, cada uma com duas horas de duração, realizada semanalmente. Porém é no dia-a-dia que se põe em prática o que se aprendeu.

A oficina é dirigida por um guia (podem ser dois) cuja missão consiste em colocar em prática o espírito e os conteúdos do Manual. Ele não deve acrescentar nada, ministrando estritamente os conteúdos recebidos, sem improvisação. De antemão, recebe uma preparação intensiva e longa, chamada "Escola de Formação", que dura um ano e que praticamente resulta em um ano de conversão.

À frente dos guias, há equipes de coordenação, locais e internacionais.

A oficina é um serviço de caráter eminentemente leigo. A maioria dos guias é leiga, e todos os componentes das equipes diretivas devem ser leigos.

A oficina é:

a) uma *escola de oração*: onde se aprende e se aprofunda a arte de orar, de caráter experimental e prático, desde os primeiros passos até as alturas da contemplação.

b) uma *escola de vida*: o participante supera passo a passo o mundo dele de angústias e tristezas, inundando-se de paz. Torna-se cada vez mais paciente, humilde, sensível e misericordioso com o programa: "O que Jesus faria em meu lugar?".

c) uma *escola apostólica*: espera-se que a oficina seja um viveiro de vocações apostólicas. De fato, ela consegue transformar muitos participantes em apóstolos do Senhor.

Em suma, a oficina compromete o assistente em três dimensões: com Deus, consigo mesmo e com os demais.

Epílogo

A oficina é um serviço:

a) *limitado*: uma vez completadas as quinze sessões, dá-se por realizado o objetivo, e os Guias se retiram sem constituir comunidades ou grupos estáveis;

b) *aberto*: a ela comparecem simples cristãos, catequistas, agentes de pastoral, militantes de grupos eclesiais, eclesiásticos e religiosos, pessoas afastadas da Igreja, os excluídos dos sacramentos, diferentes grupos de evangélicos.

Para mais informações:
www.tovpil.org

Sumário

Prólogo 5

Sofrer a mãos cheias 5
As fontes interiores 6
De fora para dentro 11
Basta de radiografias descarnadas! 14
Um pouco de história 15

Capítulo I — Salve a si mesmo 17

A arte de viver 18
Dono de sua mente 23
Relativizar é salvar-se 25
Despertar é salvar-se 32

Capítulo II — O impossível, deixe-o para trás 39

Os inimigos estão dentro 40
As pedras do caminho 45
As doenças e a morte 48
O tempo passado 52

Capítulo III — Obsessões e angústias ... 59

A obsessão ... 60

Depressão ... 66

A angústia ... 69

Pouco podemos ... 72

Capítulo IV — Felizes aqueles que estão vazios de si 81

A ilusão do "eu" ... 82

Serenidade e sabedoria ... 85

Desprender-se ... 89

Tudo está bem ... 93

Capítulo V — Exercícios de relaxamento ... 95

Esclarecimentos prévios ... 96

I. Exercícios de relaxamento ... 97

II. Exercícios de concentração ... 104

III. Exercícios de respiração ... 107

Técnicas de esquecimento ... 109

Capítulo VI — Assumir e redimir ... 113

Alegria e dor ... 114

Sofrer com Jesus ... 121

Redimir com Cristo ... 125

Satisfação e júbilo ... 131

A dor, caminho de sabedoria ... 132

Epílogo ... 139

O que são as oficinas? ... 139